AF552131

Meine Erinnerungen, mein Leben

JUDITH BARRINGTON ist die Autorin von *Lifesaving: A Memoir,* ein Buch, für das sie den »Lambda Book Award« gewann und in der engsten Auswahl für den »PEN/Martha Albrand Award for the Art of the Memoir« stand. Ihr Erfahrungsbericht *Poetry and Prejudice* gewann den »Andres Berger Award for Creative Nonfiction«.
Judith Barrington ist auch Dozentin für Creative Writing an verschiedenen Universitäten und hält Workshops in den USA und England.

JUDITH BARRINGTON

Meine Erinnerungen, mein Leben

Einladung zum autobiografischen Schreiben

Übersetzt von Kerstin Winter

Autorenhaus

www.autorenhaus.de
Bitte besuchen Sie uns auch auf Facebook.

Bibliografische Daten sind im Internet unter www.dnb.de abrufbar.

Umschlaggestaltung: Sigrid Pomaska
Umschlagbild: Gonzalo Cienfuegos, *Women and Man with Flowered Robe,*
1993/Mauritius

ISBN 978-3-86671-156-3

Umwelthinweis: Dieses Buch wurde auf
chlor- und säurefreiem Papier gedruckt.
Druck und Bindung: CPI, Leck
Printed in Germany

Inhalt

Für Will, der die wahren Geschichten hören wollte

* * *

Einleitung

▶ Am vierten März 1920 nahm Virginia Woolf zum ersten Mal an dem »Memoir Club« um Molly McCarthy teil. Der »Club« bestand aus gut einem Dutzend Leute – alles alte Freunde und Mitglieder jener Gruppe, die später als Bloomsbury Group bekannt wurde –, und eines ihrer erklärten Ziele war »absolute Offenheit«. Bei jenem ersten Treffen lasen zwei Frauen, McCarthy und Woolfs Schwester Vanessa, und drei Männer, darunter Vanessas Mann Clive Bell, den anderen autobiografische Essays vor. Bei der zweiten Zusammenkunft las Woolf »22 Hyde Park Gate« vor, eine schockierend freimütige Erinnerung an den Halbbruder George Ducksworth und seine inzestuöse Beziehung zu ihr und ihrer Schwester (die sehr viel später in *Moments of Being* veröffentlicht wurde). Sie schrieb später in ihren Tagebüchern, dass die Erfahrung ihr extremes Unbehagen bereitet hatte. »Ich stellte mir unwillkürlich eine Art von peinlich berührter Langeweile auf Seiten der Männer vor«, schrieb sie, »für deren heiteres Geselligkeitsempfinden meine Enthüllungen gleichzeitig rührselig und abstoßend sein mussten. Wie konnte ich es wagen, mein Innerstes zu offenbaren!«

Heute, da das lesende Publikum nach persönlichen Erzählungen hungert, erscheinen immer mehr Erinnerungen und Erlebnisberichte. Doch die Seele zu entblößen, verlangt von Frauen und auch Männern immer noch viel Mut, wenn auch aus verschiedenen Gründen. Noch heute stoßen Männer, die sich auf ehrliche Weise mit ihrem Seelenleben, ihren Beziehungen zu anderen Menschen und mit der Familie beschäftigen, auf Unverständnis; es passt einfach nicht ins männliche Rollenverhalten. Auch bei Frauen hat das tief empfundene persönliche Schreiben immer noch etwas von Rebellion gegen die konventionelle Rolle: Zwar erwartet man vom so genannten schwachen Geschlecht durchaus, dass es sich mit dem Innenleben und zwischenmenschlichen Beziehungen beschäftigt, aber gleichzeitig soll unser Schreiben Menschen, die uns nahe stehen einbeziehen, schmeicheln und zufrieden stellen.

Sobald ich begann, über mein eigenes Leben zu schreiben, erkannte ich, dass man einiges riskiert, wenn man ehrlich und offen über Familie oder das eigene Umfeld spricht: Man wird schnell des Verrats beschuldigt, weil man Geheimnisse offenbart und die Mythen aufdeckt, die Familien oder bestimmte Gemeinschaften geschaffen haben, um sich vor schmerzlichen Wahrheiten zu schützen. Dieses Risiko lauert wie ein bedrohlicher Schatten immer im Hintergrund, und genauso geht es jedem anderen, der es sich zur Aufgabe macht, Persönliches offen zu legen.

Die Zeit, in der ich aufgewachsen bin, hat mich geprägt und zu einem Wahrheitssucher gemacht. Als Aktivistin in den Anfängen der Frauenbewegung und geformt durch den Aufruf nach einem geschärften Bewusstsein für die Lebensumstände aller, habe ich mit Anfang zwanzig bereits mein bisheriges Dasein genau betrachtet und unter immer neuen Aspekten untersucht. Pioniere wie Virginia Woolf inspirierten mich, und ich lernte zu schätzen, dass im Laufe der Jahre immer mehr Erinnerungen von einer großen Zahl von Frauen – farbige und weiße Frauen, heterosexuelle Frauen und Lesben – und einigen Männern veröffentlicht wurden.

Ich habe miterlebt, wie in der Literatur zuvor unentdeckte Randgruppen radikale Veränderungen bewirkten, sowohl im Hinblick auf die Entschlossenheit, unsere Geschichten zu erzählen, als auch auf die Möglichkeiten, diese zu veröffentlichen.

Diese neue Vielfalt der Stimmen ermöglichte mehr Menschen, ebenfalls zu Wort zu kommen, selbst wenn sie weder etwas mit diesen Bewegungen zu tun hatten, noch sich persönlich durch die gesellschaftlichen Veränderungen berührt fühlten.

Ich bin durch die Poesie zu den Erinnerungen gekommen. Obwohl mich meist die Rhythmen und Bilder der Poesie zu den Inhalten führten, mit denen ich mich beschäftigen wollte, stellte ich fest, dass ich immer öfter die Weite der Prosa brauchte, um meine Themen eingehend zu behandeln, selbst wenn ich sie bereits in Verse gefasst hatte. Da ich mich nicht immer an alle Daten eines Ereignisses erinnern konnte, ertappte ich mich dabei, wie ich bestimmte Einzelheiten erfand, um der Geschichte eine Form zu geben und auszuschmücken. Zunächst verwirrte mich das; sollte ich daraus schließen, dass ich eher fiktionale Texte schreiben sollte? Wie viel durfte ich überhaupt erfinden? Konnte ich meiner Erinnerung vertrauen? Und welche Regeln gab es für das Schreiben von Lebenserinnerungen?

Ich fand wenig, was mir weiterhelfen konnte. Hin und wieder unterhielt ich mich mit einem befreundeten Schriftsteller über Wahrheit und Erinnerung. Gelegentlich entwickelte sich eine Diskussion über die Grenzen von Fiktion und die Übergänge zwischen Erfundenem und Wahren. Ich las alle Erinnerungen, die ich bekommen konnte, und staunte über die Anpassungsfähigkeit dieser Form bei verschiedenen Autoren und Themen. Ich dachte über die Beziehung dieser Literaturform zu den viel formelleren Essays nach, die ich in der Schule zu schreiben gelernt hatte, und versuchte, mir darüber klar zu werden, ob ich dieses Schulwissen vertiefen oder besser vergessen sollte.

Dieses Buch ist die Anleitung, nach der ich damals vergeblich suchte. Es soll die Diskussion über niedergeschriebene Erinnerungen und Erlebnisberichte, die ich mir damals gewünscht hätte, anregen und die wichtigen Fragen anschneiden, die unmittelbar mit dem autobiografischen Genre zusammenhängen, aber auch einige andere, die sich eher auf das Schreiben im Allgemeinen beziehen.

Seit Erscheinen der ersten Auflage dieses Buchs habe ich viele neue Lebenserinnerungen gelesen, auf die ich mich in dieser Ausgabe gerne beziehe – einige waren enttäuschend, einige großartig, die meisten irgendwo dazwischen. Außerdem habe ich weiterhin Kurse und Workshops zum Thema »Erinnerungen schreiben« gehalten und meine Schüler haben mir nicht nur ganz wunderbare Texte zu meinen Übungsvorschlägen im Buch zu lesen gegeben, sondern mich auch immer wieder auf ihre wichtigsten Anliegen hingewiesen. Ich habe daher einige Themen und Bereiche ergänzt und erweitert, um die häufigsten Fragen noch intensiver zu behandeln.

Ich möchte mit diesem Buch alle ermutigen, die ihre eigenen Geschichten erzählen möchten, weil es wichtig ist, sich persönlich und wahrhaftig über das Leben zu äußern. Besonders für Mitglieder von Randgruppen kann es dazu beitragen, Jahre der Unsichtbarkeit und Fremdinterpretationen auszugleichen. Für uns alle bedeutet eine ernsthafte Auseinandersetzung mit der Wahrheit, die ungeheure Unaufrichtigkeit unserer Gesellschaft herauszufordern; egal ob es sich um die Familie, in der so gerne unschöne Dinge und Gewalttätigkeit vertuscht werden, oder um nationale oder internationale Mächte handelt, die ihre Gewalttätigkeit als »friedensstiftend« bezeichnen.

Aufrichtig und ernsthaft über unser Leben zu schreiben verlangt, die schriftstellerischen Fähigkeiten zu verbessern, damit unsere Texte die mühsam ans Licht gebrachten Wahrheiten, die selten Thema konventioneller Gespräche sind, tatsächlich vermitteln können. Es verlangt auch, sich mit ethischen und moralischen Fragen auseinander zu setzen, die sich stellen, sobald wir gegen das allgemein akzeptierte Verständnis von Loyalität verstoßen – wie etwa: »Darf ich diese Geschichte erzählen oder wird sie meine Mutter verletzen?« Diese Loyalität wird in Form von Schweigen gefordert, ausgerechnet von uns nahe stehenden Menschen, die uns so gegen unseren Willen zu Komplizen in Lügengeschichten und Familienlegenden machen wollen. Dagegen können wir uns selbstverständlich nicht einfach auflehnen, indem wir zornig unsere Erinnerungen veröffentlichen. Als Schriftsteller tragen wir Verantwortung für die Menschen, über die wir schreiben, und wir müssen uns dieser Verantwortung stellen, ohne von unseren Wahrheiten abzurücken.

Bei der Arbeit an diesem Buch, bin ich davon ausgegangen, dass meine Leser in ihrem Schreiben literarischen Maßstäben genügen möchten; ich biete Ihnen die Werkzeuge dazu an. Gleichzeitig wünsche ich mir, dass mein Buch auch den Menschen helfen kann, die keine Veröffentlichung beabsichtigen oder bisher noch nicht daran gedacht haben.

Pronomen: Die Autorin hat sich viele Gedanken über die Pronomen gemacht und nach langer Überlegung im Original den Schriftsteller immer als »sie«, den Leser immer als »er« bezeichnet. Der Einfachheit halber und den Gepflogenheiten der deutschen Sprache entsprechend wird in der deutschen Übersetzung darauf verzichtet; ohne Autorinnen, Schriftstellerinnen und Leserinnen diskriminieren zu wollen, wird sich im nachfolgenden Text zum größten Teil auf den Leser, Autoren und Schriftsteller – also auf »er« – bezogen.

1

Was versteht man unter »Erinnerungen«?

▶ Früher waren es vor allem berühmte Männer – Generäle im Ruhestand, Schauspieler klassischer Bühnen oder desillusionierte Verwandte dieser Berühmtheiten –, die »sich erinnerten«: Sie schrieben »ihre Memoiren«. Ich las kein einziges dieser Bücher, weil ich zu wissen glaubte, dass es sich bloß um das langweilige Geschwafel alter Käuze handelte, die sich literarisch aufbliesen. »Soundso hat seine Memoiren geschrieben«, hörte ich gelegentlich, und ich reagierte darauf mit einem Schulterzucken. Mein bevorzugter Lesestoff waren lange, spannende Romane mit zahlreichen Charakteren und einer komplexen Handlung, die Konzentration verlangte.

Damals waren für mich – wie für viele Menschen – Memoiren und Erinnerungen das Gleiche. **Memoiren** – das hat auch heute noch einen Beigeschmack, der nach abgehalfterten Diven und ausgebooteten Staatsmännern klingt – im Gegensatz zur Autobiografie oder den eher essay-artigen Erinnerungen (auch Lebenserinnerungen oder Erlebnisbericht). Memoiren berühmter Leute haben selten ein scharf umrissenes Thema. Sie konzentrieren sich nicht auf einen Aspekt des Lebens, den sie ergründen und erforschen wollen. Memoiren sind meist eine Art Skizzenbuch, in das man Lebensausschnitte, Anekdoten, Erfahrungen und Erlebnisse notiert hat. Natürlich sind die Grenzen zwischen diesen beiden Genres längst nicht so klar und deutlich, wie es sich vielleicht anhören mag.

Manchmal trägt ein Buch den Untertitel »Erinnerungen«, obwohl es sich eher in die Kategorie »Autobiografie« oder »Memoiren« einordnen ließe. Früher gab es nur wenige »Erinnerungen«. Im Rückblick erkenne ich, dass einige Autoren und Autorinnen den Weg für die zeitgenössische literarische Erinnerung ebneten, Virginia Woolf zum Beispiel mit freimütigen, persönlichen Texten, eine Art des Schreibens, die später weit verbreitet sein sollte. In den Bibliotheken waren hauptsächlich Belletristik und Essays zu finden. Essays konnten eine ziemliche Qual sein, und ich stöhnte jedes Mal, wenn mein Lehrer – ich war zwölf oder dreizehn – uns bestimmte Autoren wie Charles Lamb oder William Hazlitt zu lesen aufgab. Nun, da ich meine eigenen Geschichten schreibe, bin ich zu der Erkenntnis gelangt, dass die modernen Lebenserinnerungen zu derselben Familie wie diese **Essays** gehören. Phillip Lopate zum Beispiel ordnet in seinem Buch über Essays die Erinnerungen (mit Anekdote, Diatribe, wissenschaftlichen und philosophischen Abhandlungen etc.) unter der Überschrift »Der informelle oder zwanglose Essay« ein. Es sei keine besondere Form, die diesen Essay-Typus von den anderen unterscheidet, sagt er, es sei die Stimme des Autors.

Montaigne, der große Essayist, erkannte, dass in einem Essay »der Fluss der Gedanken einer Person, die sich bemüht, Verständnis zu erlangen, die Handlung, das Abenteuer ist«. Statt lediglich eine Geschichte aus seinem Leben zu erzählen, denkt der Autor von Erinnerungen zusätzlich darüber nach und versucht herauszufinden, was diese Geschichte im Licht seines gegenwärtigen Wissens bedeutet. (Ein Bereich, wo diese nachdenkende Stimme nicht möglich war, ist die afroamerikanische Sklavenerzählung, die dennoch Teil amerikanischer Erinnerungsgeschichte ist. Selbst wenn sich ein Autor dabei bemühte, objektiv zu bleiben, indem er Fakten aus dem Sklavenleben, ohne sie zu beurteilen oder zu interpretieren, darlegte, musste er stets auf den Vorwurf gefasst sein, aufrührerisch zu sein.) In zeitgenössischen Erinnerungen ist der Rückblick ein wesentlicher Teil der Geschichte. Der Leser will durch die Geschichte unterhalten werden, ist aber auch daran interessiert, welche Bedeutung sie heute – in der Rückschau – hat.

Damit der Leser überhaupt Interesse daran entwickeln kann, wie Sie heute Ihr Leben in der Rückschau betrachten, muss die Erzählung eine packende Stimme haben – eine Stimme, die Aus-

~ Die Stimme ~

Barbara Drake sagt im Zusammenhang mit Poesie: »Die Stimme ist das Medium und das Instrument der Poesie, ob die Poesie nun laut oder still gelesen wird. Die Stimme ist das Markenzeichen des Dichters.« Diese Definition trifft auch auf Prosatexte zu. Bei dem Wort Stimme denken wir an etwas, das wir hören; die Stimme kann laut oder leise, sanft oder rau sein. In der Literatur jedoch ist die Stimme das, was wir im Kopf hören: Das Medium.

Es heißt, dass der Autor eine Stimme entwickelt hat, wenn sie unterscheidbar wird. Das mag etwas seltsam erscheinen, da Schriftsteller oft in die Persönlichkeit einer Figur schlüpfen oder einen besonderen Aspekt ihrer selbst darstellen. Der Schriftsteller, der Fiktion schreibt, kann durch viele unterschiedliche Charaktere sprechen, doch die Stimme ist wie sein Fingerabdruck; er ist in jeder Figur durch seine besonderen linguistische Eigenheiten, Satzrhythmen und wiederkehrenden Bilder erkennbar. Auch der Autor, der Erinnerungen schreibt, muss diesen Fingerabdruck haben, auch dann, wenn er nur als er selbst spricht.

druck einer Persönlichkeit ist. Und sie muss zwanglos sein. Ein moderner Verwandter des informellen Essays ist die Zeitungskolumne, deren Plauderstimme sich eindeutig von dem Zeitungsstil im restlichen Blatt oder vom unpersönlichen, erklärenden Stil der formellen Essays abhebt. Erinnerungen und Zeitungskolumnen wollen den Leser direkt ansprechen. Früher war es üblich, dass der Autor sein Publikum ganz direkt ansprach (»Geneigter Leser« …), doch diese Anrede wurde seltener, bis sie Mitte des neunzehnten Jahrhunderts praktisch ganz aus dieser Gattung verschwand. Sebastian Haffner nimmt diese untergegangene Tradition in seiner *Geschichte eines Deutschen* in gewisser Weise wieder auf, um dem Leser näher zu kommen:

Man lasse mich daher einmal, zum Spaß, 20 Jahre deutsche Geschichte aus meiner Perspektive erzählen, ehe ich zum eigentlichen Thema komme: Geschichte Deutschlands als Teil meiner privaten Lebensgeschichte. Es wird ganz schnell gehen, und es wird das Verständnis für alles Folgende erleichtern. Außerdem werden wir uns dabei ein wenig kennen lernen.

Doch auch ohne diese direkte Ansprache sollten moderne Erinnerungen sich deutlich an den Leser wenden. Leser haben gerne das Gefühl, von ihrem bequemen Sessel aus Vertraulichkeiten zu lauschen.

Obwohl die Gattung ihre Wurzeln im Essay-Bereich hat, teilt die moderne literarische Erinnerung viele Charakteristika mit der Fiktion. Der Autor, der seine Erinnerungen aufschreibt, muss ein talentierter Geschichtenerzähler sein, er muss sich in der Zeit sicher vorwärts und rückwärts bewegen können. Er muss glaubhafte Dialoge verfassen, zwischen Szene und Zusammenfassung wechseln und ganz allgemein seine Leser mit den Mitteln der schönen Literatur in den Bann ziehen können. Daher kann man Erinnerungen als eine hybride Form bezeichnen, die Elemente des Essays als auch der fiktionalen Erzählung beinhaltet. Wichtigstes Merkmal dieser Form ist die Stimme des Autors, die eine wahre Geschichte erzählt und gleichzeitig darüber nachdenkt.

Wie unterscheidet sich die Erinnerung von der Autobiografie?

Manche Erinnerungen sind lang wie ein Roman und enthalten so viel Material wie eine Autobiografie; der Unterschied liegt jedoch in der Wahl des zentralen Themas.

Eine **Autobiografie** ist die *Geschichte eines Lebens.*

Der Begriff besagt, dass der Autor versuchen wird, alle wesentlichen Elemente seines Lebens einzufangen. Die Autobiografie eines Schriftstellers beispielsweise wird sich nicht ausschließlich mit dem Entstehen und der Entwicklung seiner schriftstellerischen Karriere beschäftigen, sondern ebenfalls mit Vorfällen, Einzelheiten und Emotionen, die mit Familie, Erziehung, Sexualität, Reisen und externen und internen Konflikten zusammenhängen.

Eine Autobiografie kann durch konkrete Daten eingegrenzt werden (wie bei *Unter der Haut; Autobiografie: 1919 – 1949* von Doris Lessing), nicht aber durch ein Thema.

Eine **Erinnerung** dagegen ist eine *Geschichte aus dem Leben.*

Sie gibt nicht vor, einen kompletten Lebenslauf reproduzieren zu wollen. Eine der wichtigsten Fertigkeiten, die man sich für dieses Genre aneignen muss, ist, das Thema oder die Themen, die das Werk zusammenhalten können, zu erkennen, einzugrenzen und sich darauf zu beschränken. In Simone de Beauvoirs Erinnerungen *In den letzten Jahren* geht es oberflächlich betrachtet um das geistige Leben Frankreichs zwischen 1929 und 1944. Im Mittelpunkt jedoch steht die sich entfaltende Beziehung der jungen Lehrerin und angehenden Schriftstellerin zu einem Mann, der ihr weiteres Leben und Denken entscheidend prägen sollte: zu Jean-Paul Sartre. Diese besondere Beziehung zu Sartre ist das eigentliche Thema ihrer Erinnerungen.

Am Beispiel meines Bruders von Uwe Timm ist nicht nur ein Nachdenken über den Bruder und die Familie, das Thema ist der Nationalsozialismus und was den Krieg möglich machte.

Wenn ein Thema klar definiert ist, gerät der Autor nicht in Versuchung, in Erzählungen abzuschweifen, die nicht unmittelbar mit dem Gegenstand zu tun haben. Indem der Autor die Grenzen festlegt, kann er sich auf einen Aspekt eines Lebens konzentrieren und dem Leser tiefere Einblicke gewähren.

Wenn Sie das Material für Ihre Erinnerung ausgesucht haben, bleibt noch immer viel für weitere übrig. Jemand, der eine Autobiografie schreibt, verarbeitet gewöhnlich so viel darin, dass es nur dieses eine Buch geben wird, aber Erinnerungen kann man viele schreiben. Mary Clearman Blew verglich diesen Prozess mit der Entstehung eines Quilts:

Vergessen Sie nicht, dass Ihnen alle Farben zur Auswahl stehen; selbst wenn Sie vielleicht auf einige Farben verzichten müssen, weil Sie eine bestimmte Grundfarbe gewählt haben …

Eine andere Möglichkeit, den Unterschied zwischen Erinnerung und Autobiografie zu erklären, beschreibt Gore Vidal in *Palimpsest*: »Eine Erinnerung stellt dar, wie jemand sein Leben betrachtet, während eine Autobiografie Historie ist, die nach Recherche, Daten und überprüften Fakten verlangt.« Und obwohl manche Erinnerungen tatsächlich auch Recherche voraussetzen, sind die nachweisbaren Fakten nicht annähernd so wichtig, wie sie es in einer Autobiografie sind, in die ein Autor vieles einbringen muss, an das er sich unmöglich erinnern kann oder was sich außerhalb seiner eigenen Erfahrung befindet.

~ Der Erzähler ~

Der Erzähler ist der Protagonist Ihrer Erinnerungen. Dieser Begriff wird auch in der Poesie und der Fiktion verwendet, wo er die Person bezeichnet, die die Geschichte erzählt.

Wenn Sie über den Inhalt Ihrer Erinnerungen nachdenken oder mit anderen darüber sprechen, sollten Sie die Figur in der Geschichte, die Sie sind, immer als den »Erzähler« bezeichnen, nicht als »Ich«. Und genauso sollten auch jene Menschen, die Ihre Erinnerung lesen, den Protagonisten der Geschichte als »Erzähler« betrachten und keinesfalls als »du« oder »Sie«.

Diese Trennung zwischen Ihnen als Autor und Ihnen als Protagonisten hilft Ihnen, die nötige Perspektive einzunehmen, um die Erinnerung als Geschichte zu formen. Außerdem lässt sich so auch es potenzielle Kritik eher ertragen. Natürlich bleibt was Sie über sich preisgeben, unabhängig von der Terminologie dieselbe, aber es macht einen Unterschied, ob die anderen von den »intimen Erfahrungen des Erzählers« sprechen oder von »deinen intimen Erfahrungen«.

An dieser Stelle ein Wort über Werke der Reiseliteratur, die zeigen, wie fließend die Grenzen sind. Obwohl **Reiseerlebnisse** oft als eigenständiges Genre behandelt werden, überschneiden sie sich nicht selten mit Erinnerungen (die manchmal auch als »Erlebnisbericht« bezeichnet werden). Sybille Bedfords *Zu Besuch bei Don Octavio: Eine mexikanische Reise* ist ein Beispiel dafür, wie ein nichtfiktionales Werk, das über einen Ort informiert, ebenfalls ein persönliches Reiseerlebnis sein kann, das sich wiederum wie eine Erinnerung liest.

Die Grenzen zwischen den einzelnen Genres und Richtungen sind oft schwer zu ziehen, aber je mehr Sie lesen, umso leichter wird es Ihnen fallen, die subtilen Unterschiede zu erkennen. Ich wurde zum Beispiel einmal gefragt, ob man seine Erinnerungen in Versform niederschreiben könnte. Ich glaube, die Antwort hängt eng mit dem »Ich« zusammen. Viele, wenn nicht sogar die meisten zeitgenössischen Gedichte, haben einen Sprecher in der ersten Person, doch dieses poetische »Ich« scheint sich qualitativ stark von dem »Ich« der Erinnerungen zu unterscheiden. Das poetische »Ich« ist Vehikel für das Gedicht und enthüllt Wahrnehmungen des Sprechers. Aber eher wie eine Linse, die diese Wahrnehmungen bündelt, als wie ein Spiegel, der den Sprecher als Figur darstellt und dadurch portraitiert. In Erinnerungen wird das »Ich« zu einem entwickelten Charakter – zu einem Akteur in der Geschichte.

Nicht jeder Autor von wahren Geschichten möchte sein Werk als Erinnerungen bezeichnen, selbst wenn es viele Charakteristika dieses Genres aufweist. Sie tragen manchmal Untertitel wie »Essays zu Menschen und Orten« oder »Eine Suche nach Zuhause«.

Paulo Coelhos *Auf dem Jacobsweg* versteht sich im Untertitel als »Tagebuch einer Pilgerreise«, und Waris Diries *Wüstenblume* ist sogar als Roman veröffentlicht, obwohl wir im Einband lesen können, dass es sich um Diries Lebensgeschichte basierend auf ihren Erinnerungen handelt. Natürlich können Erinnerungen sich auf alle möglichen Erfahrungen beziehen. Manche sind leicht und locker und manchmal sogar ausgesprochen lustig zu lesen, wie

Meine Familie und anderes Getier, Gerald Durrells Bericht über die Zeit, die seine Familie auf Korfu verbrachte. Andere, wie *Ist das ein Mensch?* oder *Die Untergegangenen und die Geretteten* von Primo Levi, konfrontieren den Leser mit persönlichen Erfahrungen, während sie gleichzeitig ein wichtiges zeitgeschichtliches Dokument darstellen. Ernest Shakletons *Südpol: 635 Tage im ewigen Eis* eröffnet uns unbekannte, vereiste Welten.

Meine Studenten mühen sich oft damit ab, die Grenze zwischen Memoiren und Autobiografie oder Erinnerungen, Erlebnisbericht und Reiseliteratur zu ziehen, fragen aber ganz selten nach dem Unterschied zwischen Erlebnisliteratur und Fiktion, vielleicht weil sich die beiden Kategorien so offensichtlich mit Erfundenem und Wahren etikettieren lassen. Aber je mehr ich über Erinnerungen nachdenke, umso weniger deutlich – und daher umso wichtiger – wird dieser Unterschied. Schließlich ist nicht alles in einer Erinnerung wahr und richtig – wer kann sich schon wörtlich an ein Gespräch erinnern, das vor vierzig Jahren beim Frühstück stattgefunden hat? Sie müssen also etwas erfinden. Und wenn Sie den Namen oder die Haarfarbe einer Person verändern, um ihre Privatsphäre zu wahren, oder sogar die Ereignisse, wie sie geschehen sind, neu ordnen, damit die Geschichte besser funktioniert (wie es manche Autoren tun), was unterscheidet sie dann noch von einem Schriftsteller, der fiktionale Texte schreibt?

In einer Erinnerung steht der Autor hinter der Geschichte und verkündet der Welt: Dies hier ist passiert; es ist wahr! Wichtig an dieser Behauptung ist vor allem, dass sie auf den Leser eine Wirkung hat. Der Leser glaubt an eine erinnerte Erfahrung, was vom Autor im Gegenzug eine absolute Verlässlichkeit verlangt.

In der Fiktion muss eine Geschichte so geschickt und meisterhaft gestaltet werden, dass sie wie eine wahre Geschichte *klingt* (man bedient sich dazu gerne eines Ich-Erzählers, der aber ein durchaus unzuverlässiger Erzähler sein kann), doch wenn der Autor seine Geschichte als Fiktion präsentiert, dann nimmt der Leser sie auch als solche wahr. Leser suchen in der Fiktion gerne nach Autobiografischem, aber sie erkennen gleichzeitig das Bestreben des Autors, dies in fiktionalisierte Form zu bringen. Wer dagegen eine Erinnerung liest, nimmt an, dass der Autor sich bemüht, nicht zu erfinden, sondern so darzustellen, wie es gewesen ist.

In dieser Hinsicht schließen Sie als Autor mit dem Leser einen Vertrag ab, sobald Sie das, was Sie schreiben, einordnen. Entweder Sie sagen: »Dies ist wirklich geschehen« oder: »Dies ist erfunden«. Und wenn Sie sich an diesen Vertrag halten, kann das Rohmaterial, das Sie als Autor von Erinnerungen verwenden, nur aus der persönlichen Erfahrung stammen. Es liegt an Ihnen, wie fantasievoll Sie die Tatsachen bearbeiten – das heißt, wie großzügig Sie Erinnerungslücken schließen. Aber bei all dem müssen Sie sich auf die eigene Erfahrung, auf das selbst Erlebte, beschränken – oder sich der Fiktion zuwenden, in der Sie Menschen, Orte und Situationen beschreiben, erklären und einsetzen dürfen, die Sie im wahren Leben niemals gesehen oder erlebt haben. Während die Fantasie in beiden Texttypen eine Rolle spielt, wird sie in der Erinnerung von *den Fakten begrenzt*, in der Fiktion dagegen von dem, *was der Leser glauben kann*. Für die Fantasie sind dies zwei sehr unterschiedliche Bühnen, auf der sich deutlich unterschiedliche Stücke spielen lassen.

Jeder Schriftsteller legt diesen Vertrag mit dem Leser anders aus. Sie gehen vielleicht besonders großzügig mit Einzelheiten um, feilen an Dialogen oder schmücken Situationen aus, während andere die Szenerien sparsam gestalten. Einige Autoren lassen verschiedene Personen zu einem Charakter verschmelzen und weisen dann in ihrem Buch darauf hin. Andere ordnen Ereignisse chronologisch anders ein oder verdichten mehrere Jahre auf ein einziges. (Ich zum Beispiel habe weniger Probleme damit, die Zeit zu manipulieren, als Charaktere zu verändern.) Doch all diese Möglichkeiten bewegen sich in einem bestimmten Rahmen: Sie dürfen vieles tun, nur nicht das Vertrauen des Lesers missbrauchen. Für Ihre Geschichte, die Sie als wahr verkaufen, ein »besseres« Ende zu erdenken oder, noch schlimmer, einen ganzen Abschnitt Ihres Lebens zu erfinden, weil er eine wunderbare Erinnerung abgeben könnte, kann sich rächen. Der Leser mag Ihnen glauben, sofern Sie klug und geschickt gewesen sind, doch je erfolgreicher Sie als Schriftsteller werden, umso wahrscheinlicher, dass man Sie erwischt. Lillian Hellmans »Erinnerungen« *Pentimento* (die später unter den Titel *Julia* verfilmt wurden) wurden eine lange Zeit begeistert gelesen und hoch gelobt. Später stellte sich jedoch heraus, dass sie mehr oder weniger erfunden waren. Hellman hatte die echte Julia nicht einmal kennen gelernt. Hätte die Autorin lange genug gelebt, um weitere Erinnerungen zu veröffentlichen, hätten die enttäuschten Leser ihr wohl kein Vertrauen mehr geschenkt; in jedem Fall hat der Ruf beträchtlich gelitten.

Aber selbst wenn niemand je herausfindet, dass Sie Tatsachen manipuliert haben, kann Ihre Geschichte unter Unehrlichkeit leiden. Wer die Wahrheit manipuliert, plant sehr sorgfältig und schreibt verhalten und vorsichtig, was den Textfluss beeinträchtigt. Aufrichtigkeit dagegen macht Texte leicht und flüssig. Unaufrichtige Erzählungen sind zudem oft mittelmäßig. Gerade wenn sie in der ersten Person geschrieben sind und sich dadurch den Anschein der Wahrheit geben, haben sie oft den Geruch von Täuschung und nicht selten fragt man sich als Leser am Ende, was genau es eigentlich war, was man nicht so recht glauben mochte.

Natürlich sollten Sie diese Überlegungen nicht davon abhalten, über die tatsächlich vorhandenen Fakten nachzudenken und zu versuchen, sie zu interpretieren. Selbstverständlich können Sie den wenigen Daten, die Sie vielleicht besitzen, einen Sinn geben. Darüber nachzugrübeln, was hinter dem alten Foto Ihrer Großmutter stecken mag oder dem Leser zu erzählen, wie Sie sich das Leben Ihrer Eltern in ihren jungen Jahren *vorstellen*, ist nicht dasselbe wie Spekulationen als Tatsachen zu verkaufen. Mary Gordon zum Beispiel versucht in *The Shadow Man* sich ihren Vater vorzustellen, der starb, als sie sieben war: Sie denkt sich Gespräche aus und schlüpft einmal sogar in seine Haut, indem sie in seiner Stimme schreibt. Und sie präsentiert es dem Leser stets als

Suche nach dem echten Mann hinter der idealisierten Gestalt, die die Autorin ihr Leben lang in ihrer Erinnerung bewahrt hat.

Ein letztes Charakteristikum der Erinnerung, das auch in Essays zu finden ist, wird von Georg Lukacs als »Prozess des Urteilens« bezeichnet. Das mag für manche Autoren problematisch klingen, da so viele von uns – durch diverse therapeutische oder Selbsthilfe-Philosophien – zu dem Glauben verleitet wurden, dass urteilen schlecht sei. Wir setzen beurteilen mit *werten* gleich, was heute oft einen negativen Beigeschmack hat. Aber die Art Urteil, die für einen guten Essay oder eine Lebenserinnerung notwendig ist, hat nichts mit Verallgemeinerung oder rascher Verurteilung von Menschen und ihren Taten zu tun, sondern bedeutet die Bereitschaft, sich komplexe Meinungen zu bilden und sie auszudrücken, egal, ob positiv oder negativ.

Wenn die Faszination von Erinnerungen darin liegt, dass wir als Leser zusehen, wie der Autor Teile seiner Vergangenheit zu verstehen und zu verarbeiten versucht, ist es nur logisch, dass wir auch beobachten, wie er sich verschiedene Urteile bildet, die er im Laufe der Geschichte durchaus wieder verwerfen oder relativieren kann. Der Autor, der Erinnerungen aufschreibt, muss nicht unbedingt wissen, was er über sein Thema denkt, aber er muss versuchen, es herauszufinden. Er muss am Ende nicht zu einem definitiven Urteil kommen, aber er muss seine emotionale und intellektuelle Suche nach Antworten mit dem Leser teilen. Sonst wird kein Interesse geweckt. Erzählungen, die im Meer der Neutralität vor sich hin dümpeln, sind weder Fiktion noch Erinnerung. Der Leser verliert rasch den Respekt vor einem Autor, der Held in seiner Geschichte sein will, ohne sich der Verantwortung zu stellen, einen Sinn darin zu finden. Selbstenthüllung ohne Analyse oder den Versuch zu begreifen kann für Autor und Leser nur peinlich werden.

Bevor Sie nun beginnen, an Ihren Erinnerungen zu arbeiten, fassen wir noch einmal zusammen:

> Denken Sie daran, dass Sie keine Autobiografie schreiben müssen; Sie brauchen nicht Ihr gesamtes Leben nachzuzeichnen.
> Konzentrieren Sie sich auf ein Thema, einen bestimmten Gegenstand, einen Aspekt Ihres Lebens und wählen Sie das Material, das Sie verwenden wollen, danach aus.
> Wenn Sie schreiben, sollen Sie zweifeln, hinterfragen und interpretieren. Aber bleiben Sie bei der Wahrheit.

Gehen Sie in die Bücherei und wählen Sie ein paar gute Lebenserinnerungen aus.

Und vergessen Sie nicht, wie wichtig es ist, die *eigene Stimme zu finden*. Mit den nachfolgenden Übungsvorschlägen können Sie gleich damit anfangen.

Übungsvorschläge

1. Denken Sie an eine Familiengeschichte, die Sie schon oft erzählt oder gehört haben. Machen Sie sich Notizen dazu und überlegen Sie, wie das *Thema* dieser Geschichte lauten könnte. Dann schreiben Sie die Geschichte auf, und zwar kurz und knapp, ohne von Ihrem Thema abzuschweifen und ohne zu erklären, wer die Personen in dieser Geschichte sind. Sparen Sie sich jede Hintergrundinformation.

2. Stellen Sie sich vor, Sie sprechen mit einem guten Freund. Notieren Sie Ihre Gedanken zu der Geschichte aus Punkt 1, als ob Sie mit Ihrem Freund darüber reden, der die Geschichte bereits kennt. Glauben Sie, dass Sie Ihre Geschichte der Wahrheit entsprechend erzählt haben? Was haben Sie ausgelassen, damit keine Beteiligten sich verletzt fühlen? Was sagt die Geschichte über die darin vorkommenden Personen aus und was über Sie?

3. Schreiben Sie jetzt die Geschichte noch einmal neu, indem Sie Ihre Zweifel oder Ihre Erkenntnisse aus Punkt 2 mit einfließen lassen. Inwiefern wird die Art, wie Sie die Geschichte erzählen, davon beeinflusst?

4. Erinnern Sie sich an andere Familiengeschichten, aber schreiben Sie sie nicht auf – benennen Sie sie nur: »Die Geschichte von …« und so weiter. Wenn Sie ein paar Geschichten aufgezählt haben, schreiben Sie auf, was Sie früher über sie gedacht haben (»Ich dachte immer, in der Geschichte ginge es um …«) und wie Sie heute darüber denken (»Aber nun glaube ich, eigentlich geht es um …«).

5. Machen Sie sich eine Liste der Familiengeschichten (oder anderer Gruppen), die oft wiederholt werden. Zu welchem

Zweck werden diese Geschichten Ihrer Meinung nach erzählt? Welchen Mythos sollen sie stützen?

6. Schreiben Sie auf, wie Sie Ihre Erinnerung eingrenzen könnten, und beginnen Sie mit bestimmten Lebensabschnitten wie zum Beispiel »Das Jahr, in dem ich zur Uni ging« oder »die Zeit, in der meine Mutter starb«.

7. Suchen Sie Themen, die für Erinnerungen geeignet wären, wie zum Beispiel Ihr Verhältnis zum Essen, zum Sex, zu einem Geschwisterteil, zu Ihrer Arbeit, Ihrem Hund, den Wohnungen, in denen Sie gelebt haben, zu Ihren politischen Ansichten etc.

8. Wählen Sie jemanden, der Ihnen nahe steht – ein enger Freund, ein Familienmitglied, ein Lehrer oder Mentor – und stellen Sie sich vor, dieser Person alles über eines der Themen zu erzählen, die Sie in Punkt 6 oder 7 zusammengestellt haben. Schreiben Sie auf, was Sie der Person anvertrauen würden und sprechen Sie sie dabei auch tatsächlich an. Wenn Sie Ihren Text anschließend lesen, achten Sie auf die Stellen, die nicht so klingen, als ob Sie wirklich reden würden. Überarbeiten Sie ihn so, dass er sich eher wie ein Gespräch anhört.

2

Wen interessiert das? Gedanken zum Thema ›Anfangen‹

»Viele von uns«, schreibt Natalia Rachel Singer, »haben einmal zu oft ein ›Wen interessiert's?‹ in roter Tinte am Rand unserer Werke gelesen.« Die wirklich wichtige Frage für den, der über sein Leben schreibt, sei jedoch die: »Warum interessiert es *dich?*« Aber es kann lange dauern, überhaupt zu dieser Frage zu gelangen. Die rote Tinte, der Nachhall von Überzeugungen wie »Wen sollte schon *mein* Leben interessieren?« mit dem Selbstvorwurf der Vermessenheit bilden eine verhängnisvolle Kombination, die jede Möglichkeit zum Selbstausdruck vernichtet. Deshalb ist es Ihre erste Aufgabe, sich zu fragen: »Warum interessiert es *mich*, diese Geschichte erzählen?« Die Antwort wird Ihnen das Gefühl geben, Sie seien dazu berechtigt. Sie werden akzeptieren, dass die Erinnerung es nicht nur wert ist, geschrieben zu werden, sondern dass sie durchaus ihren Platz in der Literatur einnehmen könnte, da Sie, als Schriftsteller, sie ausarbeiten und überarbeiten werden, bis sie so ist, wie Sie sie haben wollten. Mit der Zeit werden Sie sich dann vorstellen können, dass Ihre Geschichte auch anderen Menschen etwas geben kann.

Singer verweist übrigens auch darauf, dass sich insbesondere Frauen und benachteiligte Menschen mit dem »Wen interessiert's«-Syndrom auseinander setzen müssen. Autoren unterschiedlichster Herkunft können daran zweifeln, dass ihr Leben ein geeignetes Thema sein könnte. Aber besonders für die, denen in dieser Welt traditionell Autorität versagt bleibt und die eher Gegenstand als Urheber von Literatur sind, ist es schwer, die zuversichtliche, entschiedene Stimme, mit der Erinnerungen niedergeschrieben werden sollten, zu finden. Sich bestimmt und entschieden zu äußern, Autorität und Kompetenz zu zeigen, ist für manche Menschen nicht nur ungewohnt, sondern erscheint ihnen oft sogar anmaßend.

Nancy Mairs hat etwas sehr Bezeichnendes erlebt. Als sie mit dem Material zu arbeiten begann, das später zu *Remembering the Bone House* wurde, nahm sie ihre Entwürfe zu einem Workshop mit, der von einem »bekannten Sachbuch-Autor aus dem Südwesten« abgehalten wurde. Dieser Autor erklärte ihr, dass ihrer Erinnerungen nicht lesbar seien, fügte jedoch hinzu: »Wenn Sie eine berühmte Person wären, würde das wahrscheinlich nichts ausmachen.« Durch dieses vernichtende Urteil entmutigt, reagierte Mairs konsequent: »Ich hatte keine Chance, berühmt zu werden. Kein Ruhm, kein Leben. Also packte ich mein Heft mit dem fleckigen Pappumschlag wieder weg.« Doch als sturköpfiger und kluger Mensch begann Mairs irgendwann daran zu zweifeln, dass Berühmtheit tatsächlich Voraussetzung für die Veröffentlichung von Erinnerungen war, und machte sich wieder an die Arbeit. So entstand eine der bewegendsten und schönsten Erinnerungen unserer Zeit.

Es ist traurig, dass entmutigende Beurteilungen oft von unseren Lehrern oder Mentoren kommen –von jenen Menschen, von denen wir Zuspruch und Bestätigung erhoffen. Deshalb ist es wichtig, dass wir uns unsere Lehrer sorgfältig aussuchen, um nicht auf der Suche nach Hilfe und Anleitung an irgendeinen bekannten Autor zu geraten, der engagiert wurde, weil sein Name Teilnehmer anlockt, dem aber didaktische Fähigkeiten fehlen. Und der vielleicht insgeheim der Meinung ist, Sie müssten über *sein,* nicht Ihr Leben schreiben.

Die richtige Wahl zu treffen, ist nicht immer leicht. Veröffentlichungen potenzieller Lehrer zu lesen, kann Ihnen zwar einen Eindruck vermitteln, mit wem Sie es zu tun haben werden, aber ein gutes literarisches Werk bedeutet noch nicht, dass ein Lehrer auch pädagogisches und psychologisches Talent hat. Ehemalige Schüler zu fragen, kann nützlich sein – sofern Sie nicht ausgerechnet an die »Auserwählten« geraten, die wenigen Schüler, die von berühmten Autoren auf Kosten der restlichen Kursteilnehmer als allein förderungswürdig eingestuft wurden. Seien Sie bei Ihrer Recherche gründlich, es gibt Egomanen im Schriftstellerberuf, aber auch gute, aufrichtige und wirklich hilfreiche Lehrer.

Ob Sie ein angehender Autor sind, der etwas über das Schreiben von Erinnerungen lernen möchten, oder ein erfahrener Schriftsteller, der sich dieser Form zuwenden möchte, vergessen Sie nicht, dass alles seine Zeit braucht, auch das Lernen. Schriftsteller scheinen immer noch – mehr als alle anderen Künstler übrigens – von sich selbst sofortige Meisterschaft zu erwarten. Vielleicht liegt es daran, dass wir in unserem Alltag mit Wörtern umgehen, aber nicht jeder Geige spielt oder in seiner Freizeit Aquarelle malt: Denn auch andere Kunstformen verlangen Übung und Ausdauer.

Die Vorstellung, dass Schreiben kaum schwieriger ist, als morgens aus dem Bett aufzustehen, ist weit verbreitet. Wir Schriftsteller werden ständig damit konfrontiert. Bill Roorbach berichtet von Kommentaren und Bemerkungen, die wir alle in der einen oder anderen Form schon gehört haben. Da ist zum Beispiel das Ehepaar, dem Roorbach erzählte, er habe eine Erinnerung über eine Reise mit der Frau, die er später geheiratet hat, veröffentlicht. Die Reaktion der beiden: »Das Buch hätten wir auch schreiben können. … Wie oft haben wir uns schon gesagt, komm, wir nehmen uns einen Monat frei und schreiben das verdammte Ding runter.« Oder die Ärztin, die Roorbach auf einer Cocktailparty anvertraute, sie würde sechs Monate Auszeit nehmen, um *ihre* Geschichte aufzuschreiben. Er griff den Kommentar dankbar auf und erwiderte entzückt: »Wissen Sie was? Da haben Sie mich aber auf was gebracht. Ich nehme mir sechs Monate Auszeit und werde Chirurg!« Aber es geht natürlich nicht darum, Menschen, die keine Ahnung haben, wie viel Zeit es braucht, ein Schriftsteller zu werden, aufzuklären. Der Beruf des Schriftstellers muss ebenso sorgfältig und über einen langen Zeitraum erlernt werden wie jedes andere Handwerk auch.

Die Dichterin Olga Broumas sagte einmal, dass es wenigstens zehn Jahre dauert, bis man sich Poet nennen darf. Im Laufe dieser Jahre, wird man Sie immer wieder fragen, was Sie beruflich machen. Wenn Sie antworten, Sie seien Schriftsteller, zieht das die

Frage nach sich, was Sie denn schon veröffentlicht haben. Sagen Sie also lieber gleich, dass Sie ein angehender Schriftsteller sind, was in den Augen Ihrer Mitmenschen weit akzeptabler ist als ein Autor, der noch nichts veröffentlicht hat. Manche Menschen glauben nämlich, dass ein echter Schriftsteller mit einem Buch in den Bestsellerlisten geboren wird.

~ Der Lehrling ~

Ein angehender Schriftsteller muss sich selbst um seine Ausbildung bemühen. Wenn Sie es ernst meinen mit Ihrem Lernwillen, können Ihnen Schreibkurse, Werkstätten, Studiengänge, Lehrer und Dozenten weiterhelfen, manchmal auch zwanglose, private Schreibgruppen. Wenn Sie sehr viel Glück haben, finden Sie einen Mentor, der Sie durch die ganze, lange Lehrzeit führt. Aber wahrscheinlich werden Sie mit verschiedenen Lehrern und verschiedenen Gruppen von Gleichgesinnten arbeiten, die nicht nur Unterstützung anbieten, sondern auch Kritik üben können.

Lesen ist der wichtigste Bestandteil dieser Art von Lehre – ob Sie einen Mentor haben oder nicht. Sie können kein guter Schriftsteller werden, wenn Ihnen die Leidenschaft fürs Lesen fehlt.

Heute können selbst erfolgreiche Schriftsteller kaum mehr die Zeit aufbringen, junge, viel versprechende Autoren anzuleiten, mit ihnen zu korrespondieren, ihre frühen Versuche zu lesen und ihnen mit Rat zu helfen. Viele Autoren müssen, um ihren Lebensunterhalt zu verdienen, noch andere Arbeiten übernehmen und finden nur mit Mühe genug Zeit, für ihre eigene kreative Arbeit. Nehmen Sie darauf Rücksicht. Versuchen Sie nicht, einem Schriftsteller, in der Hoffnung auf eine kostenlose Kritik, Ihre getippten Erstfassung aufzudrängen. Wenn Sie das Urteil eines Fachmanns hören wollen, dann bieten Sie diesem Fachmann auch Geld für seine Zeit an.

Tatsächlich bedarf es für das Schreiben von Erinnerungen nicht nur einer handwerklichen Lehrzeit, es braucht auch Zeit, Material und Themen zu sammeln, sie »gären« zu lassen und darüber nachzudenken – Vorbereitungszeit wie für jede Form von kreativem Schreiben. Für Susan Griffin ist dies eine schwierige Periode, in der sie fürchtet, »dass meinen Worten keine echte Autorität innewohnt.« »Ich staube den Tisch ab«, sagt sie, »ich telefoniere. Ich weiß, ich gehe der Schreibmaschine aus dem Weg. Ich spüre, dass in meinem Kopf dort, wo Worte sein könnten, nur Leere ist. Ich könnte zu schreiben versuchen und meine Worte würden mich anöden.« Wenn die richtige Zeit gekommen ist, hat sich das Warten gelohnt. »Denn jedes Mal, wenn ich schreibe, jedes Mal, wenn die authentischen Worte durchbrechen, ist alles anders. Das alte Ich kollabiert und stirbt. Ich verliere die Kontrolle, ich weiß nicht genau, welche Wörter auf der Seite erscheinen werden. Ich folge der Sprache. Folge dem Klang der Wörter, und ich bin überrascht und verändert durch das, was ich aufschreibe.«

Wenn Sie sich mit dem Gedanken angefreundet haben, noch in der Lehre zu sein, und jeden Ehrgeiz in Hinblick auf Agenten, Verleger, Leserschaften, Ruhm und Geld (von dem nichts gutem Schreiben wirklich zuträglich ist) abgelegt haben, beginnt die Zeit, in der Sie darüber nachdenken, was Sie wirklich kümmert.

Wenn Sie nicht absolut sicher sind, auf welches Thema Sie sich für Ihre Erinnerung konzentrieren wollen, prüfen Sie, was Sie immer wieder beschäftigt oder nicht loslässt: An welche Dinge, Situationen, Ereignisse müssen Sie immer wieder denken? Welche Geschichten verfolgen Sie? Von welchen Menschen aus der Vergangenheit träumen Sie? Bei welchem Thema werden Sie leidenschaftlich? Worüber streiten Sie? Die meisten Menschen haben irgendeine Manie oder Fixierung, manchmal als Resultat schwieriger, tragischer, unvergesslicher oder unerwarteter Ereignisse oder Umstände im Leben. Manchmal sind das die Themen, die wir beim Schreiben sorgfältig meiden, aber früher oder später müssen wir erkennen, dass hier unsere wichtigste und ergiebigste Materialquelle liegt. Schreiben – wie jede andere Form kreativen

Schaffens – bringt sowohl Schmerz als auch Freude mit sich. Was Schmerz bereitet, ist oft das Material, das sich als besonders fruchtbar erweist. Freude entsteht daraus, dass Sie aus dem Material etwas erschaffen, das auch für andere wertvoll ist und daran wachsen und sich entwickeln. Falls Sie bereits verschiedene Erinnerungen notiert haben und spüren, dass Sie beim Lesen gedanklich abschweifen oder ungeduldig werden, führt Sie wahrscheinlich das Material nicht weit genug ins Innere. Vielleicht sträuben Sie sich auch unbewusst gegen die Wahrheit und wollen nicht weiter vordringen, weil Sie zwar einerseits neugierig und begierig sind, sie aufzudecken, sich andererseits aber auch davor fürchten. Aber: Nur wenn Sie bereit sind, große Risiken auf sich zu nehmen, haben Sie die Chance große Belohnungen zu bekommen.

Beginnen Sie also damit, ein Heft oder Ringbuch anzulegen, in dem Sie Ideen, Bilder aus Träumen, Gesprächsfetzen aus der Vergangenheit und anderes notieren. Alles, was Ihnen in den Sinn kommt, woran Sie sich erinnern, will aufgeschrieben werden. Eine Geschichte kann jahrelang in der Erinnerung vergraben sein, aber in dem Moment, in dem sie in mein Bewusstsein aufsteigt, droht sie auch schon, verloren zu gehen. Wenn man nicht sofort zugreift und sie notiert, während sie sich zu einer Erzählung formt, kann es geschehen, dass sie für immer verloren ist, selbst wenn man sich noch vage an das Thema erinnern kann, wird man die Stimme, die im Kopf zu erzählen begonnen hat, nie wieder finden. Darum ist ein Notizheft, das man immer bei sich hat und neben das Bett legen kann, so wichtig. Vielleicht sind Sie nachts noch ganz sicher, dass Sie Ihre fantastische Idee bis zum Morgen behalten werden, aber es sind schon viele großartige Ideen unauffindbar gewesen, als der Wecker klingelte. Sie lernen schnell, welchen Satz oder welches Bild Sie notieren müssen, um später oder am nächsten Tag zu jenem erhellenden Augenblick zurückkehren zu können, in dem Sie die Geschichte vor sich gesehen haben. Manchen springt der Eröffnungssatz in den Sinn; für andere ist es die vage, noch verschwommene Gestalt des Ganzen; wieder andere wissen plötzlich genau, über welches Thema sie schreiben wollen. Was immer es ist – benutzen Sie Ihr Notizbuch, damit Sie Ihre Gedanken wieder heraufbeschwören können, wenn Sie Zeit dafür haben.

Manche Bücher über das Schreiben von Lebensgeschichten enthalten lange Themenlisten für eine Art Kaltstart: Sie sollen sich etwas aussuchen und einfach loslegen. Darin findet man beispielsweise die Geburt eines Geschwisterteils, der erste Schultag, Beginn der Berufsausbildung, Hochzeit etc., sicher alles bewegende und wichtige Momente, doch wenn sie den Kern des Themas nicht berühren, führen Sie höchsten zu hölzernen Texten, die nichts Authentisches haben. Aber die Meilensteine in einem Leben, die, die Leidenschaften wecken, Veränderungen hervorrufen oder schmerzvolles Wachstum erzeugen – all dies geschieht in jenen Momenten in Beziehungen und Ereignissen, die für jeden Menschen einzigartig sind. Deshalb sollten Sie nicht mit einer vorgegebenen Liste beginnen, sondern Ihre eigene aufstellen. Spüren Sie die authentischen, einzigartigen Momente in ihrem Leben und die Geschichten, die damit verbunden sind, auf. Und benutzen Sie Ihr Notizbuch, um sie festzuhalten.

Es ist nicht ungewöhnlich, dass gerade der Beginn eines solchen Projektes Schwierigkeiten bereitet. Vielleicht ist Ihnen jede Ausrede willkommen, um vom Schreibtisch aufzustehen. Dann rate ich Ihnen, die Übungen, die Sie am Ende dieses Kapitels finden, zu machen und sich Ihren Schwierigkeiten und Ängsten zu stellen. Aber Vorsicht: Verbringen Sie die zur Verfügung stehende Schreibzeit nicht damit, über das *Nicht*schreiben nachzudenken oder sogar darüber zu schreiben. In manchen Schreibgruppen wird endlos über die Schwierigkeiten geredet, ohne dass jemals wirklich etwas *verfasst* wird. Nutzen Sie die Übungen, um herauszufinden, was Ihnen im Weg steht, schreiben Sie ein wenig darüber und haken Sie das Thema anschließend ab.

Während Ihres eigenen Schreibens, sollten Sie auch stets in den Erinnerungen anderer Autoren lesen, um sich inspirieren und helfen zu lassen. Wer nicht auch ein guter Leser ist, kann kein guter Autor werden. Komponisten gehen in Konzerte, Maler in Galerien und Schriftsteller lesen. Wenn Sie gute Literatur lesen, lernen Sie viel über Stil, Sprache und Struktur. Die Lektüre von Erinnerungen anderer Menschen hilft Ihnen bei Ihren eigenen und zeigt Ihnen unterschiedliche Ansätze in diesem Genre. Wenn sie gut geschrieben sind, erkennen Sie außerdem, wie packend und interessant die Erfahrungen anderer Menschen sein können. Notieren Sie Titel von Erinnerungen, die Sie besonders berührt haben, um darin nachzulesen, wenn Sie Anregung brauchen. Für mich ist ein solches Buch *Toschka: Ein Mädchen meistert ihr Schicksal* von Natalie Kusz, in dem die Autorin über das Leben in Alaska und den Unfall, der ihr Gesicht so schrecklich entstellte, berichtet. Als ich das Buch las, war ich so gefesselt von Kusz' Erfahrung, dass ich nichts mehr um mich herum wahrnahm. Auf dem Weg von der ersten bis zur letzten Seite wurden ihre Probleme zu meinen, ihre Umgebung wurde mir vertraut wie mein Zuhause, auch wenn ich nie in Alaska war. Hin und wieder erinnerte mich etwas aus Kusz' Geschichte an mein eigenes Leben – auch wenn es etwas vollkommen anderes war –, aber meistens vergaß ich meine eigenen Erfahrungen und folgte ihren. Später, als es mir schwer fiel zu glauben, dass auch mein Leben andere interessieren könnte, half mir die Leserfahrung mit Natalie Kusz' Buch, etwas Selbstvertrauen zu gewinnen. Obwohl die Erinnerung, an der ich arbeitete, von der Trauer über den Tod meiner Eltern handelte, die ertranken, als ich neunzehn war – sicher keine Erfahrung, die viele Menschen mit mir teilen konnten –, begriff ich, dass, wenn mir das Schreiben gelänge, sich einige Leser mit meinen Erlebnissen identifizieren könnten: So, wie ich mich damals in das Schicksal von Kusz vertieft hatte, könnte es anderen Lesern auch mit meinem Buch ergehen. So, wie Ereignisse in ihrem Buch eine Resonanz in meinem Leben erzeugt hatten, könnte dies auch im Leben *meiner* Leser geschehen. Vielleicht gab es sogar Leser, die ihre eigenen Erfahrungen für eine Weile vergessen und meine mit mir teilen wollten.

Wann immer eine Geschichte Sie stark berührt, dann hat der Autor selbst mit den Ereignissen, über die er schreibt, gerungen und über die Folgen, die diese Ereignisse auf sein Leben gehabt haben, nachgedacht. Was uns wieder zu der Frage vom Anfang zurückbringt, warum sich irgendjemand für die Erfahrungen eines anderen interessieren sollte. *Sie* selbst kümmert es auch deswegen, weil Sie genau wissen, wie sehr es *den Autor* kümmert. Deshalb konzentrieren Sie sich gleich auf das, was in Ihrem Leben wirklich zählt – was die größten Herausforderungen waren, was Sie geprägt und was Sie beeinflusst hat. Machen Sie sich Notizen und Listen. Und machen Sie sich immer wieder klar, wen es kümmert und wen es interessiert: Sie nämlich!

1. Zu den Blockübungen, wie ich sie nenne, gehören verschiedene Teile. Lesen Sie immer nur eine Aufgabe und machen Sie eine Übung nach der anderen. Decken Sie die folgenden Teile, falls nötig, ab. Wenn Sie mit einer Schreibgruppe arbeiten, lassen Sie einen Teilnehmer den entsprechenden Übungsteil mit dem dafür vorgesehenen Zeitlimit vorlesen. Halten Sie sich an das Zeitlimit!

> Stellen Sie zunächst eine Liste von all den Gründen auf, die Sie vom Schreiben abhalten. Unter »externe Gründe« gehören beispielsweise Kinder hüten, Hausarbeit, achtstündiger Arbeitstag etc. und zu den »internen Gründen« können zählen: Ich habe nichts Neues zu sagen, Schreibblockaden, Furcht vor der Reaktion anderer etc.. Schreiben Sie auch dann noch weiter, wenn Sie glauben, dass Sie fertig sind, aber noch Zeit haben. (*5 Minuten*)

> Gehen Sie nun die Liste durch und wählen Sie den Punkt aus, der ein besonders starkes Hindernis für Sie darstellt. Das kann nächste Woche ein anderer sein, aber Sie sollen *jetzt* wählen. (*2 Minuten*)

> Stellen Sie sich vor, Sie reden mit einem guten Freund. Schreiben Sie zwei oder drei Seiten in der ersten Person über eine *bestimmte* Zeit, in der Sie sich mit dem obigen Problem auseinander setzen mussten. Seien Sie genau: Wo waren Sie? Welche Gedanken gingen Ihnen durch den Kopf? Verallgemeinern Sie nicht, indem Sie andere Phasen mit einbeziehen. (*25 Minuten*)

> Kehren Sie zu dem Text, den Sie gerade geschrieben haben, zurück, und ersetzen Sie die erste durch die dritte Person. Ersetzen Sie das erste »Ich« durch einen Namen (nicht Ihren) und passen Sie die Prädikate an das neue Personalpronomen an. Schreiben Sie den Text nicht neu – streichen und korrigieren Sie ganz bewusst. (*5 Minuten*)

> Lesen Sie sich den Text in seiner neuen Gestalt laut vor. Dann machen Sie sich zu den folgenden Fragen Notizen oder besprechen sie innerhalb der Gruppe. *(20 Minuten)*

Was empfinden Sie dem Erzähler gegenüber? Mögen Sie ihn oder macht er sie ungeduldig? Welchen Rat würden Sie ihm geben? (Es gibt keine richtigen oder falschen Antworten.)

Haben Sie festgestellt, dass Ihre Beziehung zum Thema sich verändert, je nachdem ob Sie in der ersten oder dritten Person schreiben? Falls ja, dann schreiben Sie sich gut sichtbar irgendwo an den Rand auf, dass Sie jederzeit auf die dritte Person umsteigen können, wenn Sie Distanz zu Ihrem Material brauchen.

Hat auch die Zeitform einen solchen Einfluss? Schreiben Sie einen Abschnitt sowohl in der Gegenwart als auch in der Vergangenheit. Sie können den vorherigen Text dazu nehmen und ausprobieren, ob er Sie oder den Leser in der Gegenwart dem Hauptgedanken näher bringt. (In Kapitel 6 werden die Nachteile des Präsens ausführlich beschrieben.)

2. Schreiben Sie über jemanden, der Ihnen früher einmal das Gefühl gegeben hat, dass Ihr Leben oder Ihre Geschichten wichtig waren.
3. Schreiben Sie über jemanden, der Ihnen früher einmal das Gefühl gegeben hat, dass Ihr Leben oder Ihre Geschichten *nicht* wichtig waren.
4. Schreiben Sie über jemanden, dessen Geschichte oder Leben Sie inspiriert oder ermutigt hat.
5. Schreiben Sie über einen längeren Lernprozess und über Ihre Gefühle in den verschiedenen Stadien.
6. Listen Sie Themen auf, die Sie stark berühren. Was bringt Sie in Rage? Worüber streiten Sie? Worüber grübeln Sie? Was

möchten Sie verändern? Gibt es Ereignisse oder Vorfälle in Ihrem Leben, die »alles veränderten«? Was würden Sie einem neuen Freund oder Liebhaber als Erstes erzählen wollen? Welche Geschichten, verfolgen und quälen Sie, würden Sie nicht erzählen wollen?

3

Die Form finden

▶ Glauben Sie nicht, es sei einfacher, erlebte Geschichten zu erzählen, als erfundene Geschichten über erfundene Personen zu schreiben. Wie bei jedem anderen literarischen Genre müssen Sie auch für die Erinnerung »einen Text gestalten«, wie Annie Dillard es ausgedrückt hat. Wichtig bei der Herstellung ist die Form, für die Sie sich entscheiden – eine Struktur, die nicht nur einfach ein angemessenes Vehikel für die Fakten sein sollte. Die Form muss den Gegenstand der Erinnerung weiterentwickeln, subtil verschiedene Bedeutungsebenen enthüllen und die Gestalt der Geschichte mit ihrer Struktur ergänzen.

Die Form, in der man Erinnerungen schreibt, variiert stark. Lebenserinnerungen scheint es heute in vielfältigeren Formen zu geben als Romanliteratur. Manche Erinnerungen, sind eng mit dem Essay verwandt, während andere wie Esmeralda Santiagos *Als ich noch in Puerto Rico war* Romantechniken anwenden und sich wie ein Roman oder eine Kurzgeschichte lesen lassen.

Lucy Grealys *Mein Gesicht ist meine Seele* wird ebenfalls durch ein Thema bestimmt und ist in zwölf Texte gegliedert, die Titel wie »Streichelzoo« und »Wahrheit und Schönheit« tragen. Viele dieser Texte können auch alleine stehen, aber zusammen bilden Sie eine Geschichte. Da jeder Text einen Aspekt des umfassenden Themas (Grealys Kampf mit dem Krebs) behandelt, ist das Buch nicht immer chronologisch. Der Leser erlebt zwar ihre Erfahrung, doch in jedem Kapitel folgen wir einem bestimmten Thema während einer Zeitspanne, die sich mit Zeitabschnitten anderer Kapitel, die wiederum andere Aspekte behandeln, überschneiden können.

Manchmal sind genaue Daten nicht wichtig. Es können Szenen in der Gegenwart oder in der Vergangenheit spielen, in der Zeit vor und zurück springen. Der Leser findet sich besser zurecht, indem die unterschiedlichen Zeiten auch im Tempus zwischen Gegenwart und Vergangenheit wechseln.

In vielen Erinnerungen sind Szene für Szene in sorgfältiger zeitlicher Abfolge aneinandergereiht, manchmal sogar in Kapitel eingeteilt, die jeweils ein Datum als Überschrift tragen.

Wenn Sie über eine bestimmte Zeit oder einen bestimmten Ort schreiben wollen und Ort oder Zeit deutlich abgegrenzt haben, können Sie Ihre Erinnerung beispielsweise strukturieren, indem Sie sich auf verschiedene Personen konzentrieren. Erinnerungen können sich auf mehrere Generationen einer Familie beziehen. Manche Kapitel geben die eigenen, unmittelbaren Erinnerungen des Autors wieder, andere konzentrieren sich auf andere Menschen – Familienmitglieder, Nachbarn, Leute, die auf der Farm gearbeitet haben. Natürlich ist der Autor auch bei solchen Portraits stets präsent, da seine Beziehung zu den betreffenden Personen beeinflusst, woran er sich erinnert. Bei dieser Technik konzentriert sich mit jedem Kapitel das Interesse auf einen anderen Charakter, während sich die Erzählung als Ganzes aufbaut.

Gretel Ehrlichs *Herz-Schlag* trägt den Untertitel, *Die Geschichte einer Frau, die vom Blitz getroffen wurde,* was uns darauf vorbereitet, eine Erinnerung zu lesen ... und das soll es natürlich auch sein. Doch die Geschichte wird immer wieder unterbrochen durch Abschnitte, die sich eher wie Essays zum Thema Blitze lesen. Zunächst erhalten wir eine persönliche, höchst körperliche Beschreibung:

Die Innenseiten meiner Lider wurden golden und ich konnte die dunklen Umrisse von Gegenständen durch sie hindurch sehen. Am Fuß des Hügels öffnete ich die Tür meines Pick-ups und drückte auf die Hupe in der Hoffnung, dass mich jemand hören würde. Niemand kam. Mein Kopf war zu etwas Unförmigen angeschwollen. Ich versuchte zu schlucken, ich hatte furchtbaren Durst, aber die Muskeln in meiner Kehle waren noch immer gelähmt, und ich fragte mich, wie lange ich wohl noch würde atmen können.

Dann wendet sich das Buch von der Nahaufnahme ab und nimmt das Panorama auf. Hier überwiegen wissenschaftliche Fakten, die leicht den Fluss einer so persönlichen Geschichte stören könnten, doch die Stimme der Autorin, die oft sehr poetisch ist, hält die Geschichte zusammen und erinnert uns immer wieder daran, dass diese Sprecherin, die uns mehr über den Ursprung von Gewittern erzählt, als wir je zu erfahren gehofft haben, selbst von diesem wissenschaftlichen Phänomen, das sie beschreibt, nahezu vernichtet wurde:

Wenn die verdichtete, trockene Luft außerhalb der Wolke durch den Aufwind ersetzt wird, vermischt sie sich mit gesättigter Luft und sorgt so für einen konstanten Strom gerade erwärmter feuchter Luft. Diese speist den aufwärts wachsenden Turm der Wolke, der sich immer weiter aufbaut und manchmal bis zu 40.000 Fuß in die Luft erhebt.

Im Sommer schweben diese stattlichen Gebilde über den Bergen Wyomings, eine Prozession der kühlen Köpfe, doch im Inneren sind es dynamische, chaotische Gebiete, die durch Ströme aufnahmefähiger Luft entstehen und in Umfang und Höhe wachsen, bis sie an die obersten Grenzen der Stratosphäre stoßen. Und selbst dann dehnen sie sich manchmal noch weiter nach oben aus und durchdringen stabile Luftmassen, bis es nicht mehr weitergeht und sie in sich zusammenfallen.

C. K. Williams' Familienbiografie liest sich wie eine Collage aus Erinnerungen, die in kurzen Abschnitten, manche davon kursiv gesetzt, präsentiert werden. In den meisten kursiven Abschnitten tritt der Autor aus der Geschichte heraus und betrachtet das Geschehen aus heutiger Sicht. Die nichtlineare Struktur verstärkt den Eindruck, dass hier ein Mensch nicht nur einmal, sondern immer wieder über die Ereignisse nachdenkt, um sie verstehen zu können.

Dies sind nur einige wenige Beispiele für die unterschiedlichen Formen und Gestalten, die Erinnerungen haben können. Sie brauchen nur in eine Bücherei oder eine Buchhandlung zu gehen, um sich über die Vielfalt der Gestaltungsmöglichkeiten zu informieren. Jeder gut geschriebene Erlebnisbericht sollte auch im Hinblick auf seine Struktur gelesen werden.

Manchmal mag Ihnen die Form wie ein Behälter für die Geschichte erscheinen – sagen wir, wie einen Krug. Natürlich möchten Sie den schönsten Krug, den Sie bekommen können, und natürlich soll er genau die richtige Größe und Form haben, aber leider können Sie nicht in den nächstbesten Laden gehen und aus einer großen Auswahl den heraussuchen, der Ihnen geeignet erscheint. Stattdessen müssen Sie den Behälter selbst formen, und das während Ihr Material Gestalt annimmt. Sie müssen damit arbeiten, es modellieren, wenn die Geschichte sich entwickelt, und es sich wölben und verjüngen lassen, wo es will.

Ein anderes Mal kann es Ihnen vorkommen, als ob die Form sich von innen heraus entwickelt – wie ein Baumstamm. Wenn Sie den kräftigen Stamm und ein paar starke Äste gefunden haben, sprießen Zweige und Blattwerk von ganz allein.

Manchmal erhalten Sie Hinweise auf die Form, wenn das Material anfängt, sich selbst zu modellieren: Die Worte beginnen ein Muster zu bilden oder einem Rhythmus zu folgen, und wenn Sie auch die Poesie in Ihrer Prosa zulassen, dann kann schon der Klang der Worte selbst Ihnen helfen, eine angemessene Form zu finden. Und wenn Sie aufmerksam bleiben, werden Sie eine Vorstellung von der Form bekommen, die Sie brauchen: Ein Umriss wird sich zeigen, der auf eine Struktur hindeutet – etwas (noch) nicht Greifbares, von dem Sie aber wissen, dass es Ihre Geschichte weiterbringen wird.

Falls Sie jedoch schon sehr früh, vielleicht sogar noch *bevor* Sie beginnen, wissen, welche Form Ihr Werk haben soll, dann bleiben Sie dennoch weiter offen: Es kann durchaus sein, dass Sie die perfekte Form gefunden haben, es kann aber auch sein, dass sie nur so aussieht und Ihnen lediglich den Einstieg erleichtert. Seien Sie immer bereit, die Form anzupassen, zu überarbeiten, mit ihr zu experimentieren oder sie später sogar zu verwerfen. Wenn Sie allerdings am Anfang noch keine Ahnung von der Form haben, vertrauen Sie darauf, dass sie sich früher oder später zeigen wird. Vielleicht brauchen und genießen Sie die Freiheit, ohne Einschränkungen zu schreiben – aber es sollte nicht ewig dauern.

Einige Erinnerungen haben als Briefe der Autoren an ihre Kinder begonnen, andere als Tagebücher, Sammlungen von Fotos oder als Gedichte. Ich begann »Poetry and Prejudice«, eine siebzehnseitige Erinnerung, als ein Gedicht … eines das länger und länger wurde, aber mein Bedürfnis, über das beschriebene Ereignis nachzudenken, einfach nicht befriedigen konnte. Der Wechsel zur Prosa erlaubte mir schließlich, die Stimme der Rückschau weiter auszudehnen und das Gedicht in eine Erinnerung zu verwandeln (auch wenn Zeilen des Gedichts, besonders ein Satz, der Refrain, in der endgültigen Fassung erhalten blieben). Tun Sie alles, um Ihre Erinnerungen zu sammeln, aber verwechseln Sie diese Methode nicht mit der endgültigen Form. Zwischen der Tagebuchseite und der endgültigen Fassung Ihrer Erinnerung liegt noch sehr, sehr viel Arbeit.

Im ersten Kapitel habe ich darauf hingewiesen, dass Erinnerungen und Erlebnisberichte keine vollständige Autobiografie sind, weil sie sich um einen besonderen Aspekt eines bestimmten Lebens drehen. Für die Qualität Ihres Werkes ist es entscheidend, dass Sie *genau* wissen, worüber Sie schreiben wollen, weil Ihnen dann auch klar wird, was Sie weglassen können und was nicht. Wenn Sie sich nicht sicher sind und nur eine vage Vorstellung von Ihrem Thema haben, schleichen sich unwichtige Einzelheiten ein, Sie machen Umwege und bevor Sie sich versehen, haben Sie eine komplette, umfangreiche und unhandliche Autobiografie auf Ihrem Bildschirm oder in Ihrem Notizbuch.

Das Leben verläuft nicht nach einem festen Handlungsschema, wie es in fiktionalen Werken oft der Fall ist. Es ist jeden Tag anders, mit anderen Schwerpunkten zu verschiedenen Themen. Um Ihre Erzählung zu gestalten und in Form zu bringen, müssen Sie aus dieser Masse die Ereignisse auswählen, die zu Ihren Erinnerungen passen.

Sie müssen bereit sein, Dinge auszulassen, das ist ganz wichtig.

Für Sie sind selbstverständlich alle Erinnerungen miteinander verbunden, weil sie alle Teil Ihres Lebens sind und ein Ganzes bilden. Nehmen wir an, eine Erinnerung über Ihren Vater schreiben. Dazu gehört, dass Sie auch das Restaurant beschreiben, in dem Sie und er so gerne zusammen gegessen haben. Nun müssen Sie aber auch den Nachbar erwähnen, der ebenfalls oft dort aß und später ein guter Freund Ihres Vaters wurde. Doch sobald Sie damit beginnen, die Lebensgeschichte des Nachbarn zu erzählen, sollte in Ihrem Kopf die Alarmsirene schrillen. Die Geschichte Ihres Nachbarn ist im wahren Leben mit der Ihres Vaters verbunden, aber muss sie es in dieser einen Erinnerung sein? Es kann frustrierend sein, etwas auszulassen, was Ihnen als wichtiger Bestandteil eines Ganzen erscheint, und vielleicht haben Sie das Gefühl, die Komplexität Ihrer Geschichte zu beschneiden. Aber damit Ihre Erzählung tieferen Nachhall findet kann, müssen Sie sich auf das Wesentliche konzentrieren.

Am Anfang von *Welt zwischen Welten* denkt der Autor, Stephen Spender, über die Form seines Buches nach. Die meisten Ereignisse, sagt er, ließen sich zwischen 1928 und 1939 datieren. »Jenseits dieser zehn Jahre habe ich nur Material ausgewählt, das meine eigene Geschichte betrifft, und ich versuche nicht, den Hintergrund dieser Zeit zur erhellen.«

Merken Sie sich diese Worte gut. Ihre Erinnerungen werden enorme Proportionen annehmen und Ihre Leser wahrscheinlich verwirren und verärgern, wenn Sie Ihre Geschichte mit belanglosen Ereignissen und Einzelheiten überladen. Obwohl es wichtig ist, auch das Umfeld, in dem Ihre Erinnerung spielt, zu zeigen, müssen Sie wissen, wo die Grenze ist. Es ist unvermeidlich, dass Sie als Autor und Hauptdarsteller Ihres Werkes mehr wissen, als Sie erzählen können. Aber eine Erinnerung ist ein Teil eines großen Ganzen, und damit Sie interessant wird, dürfen Sie auch nur diesen Teil behandeln.

Obwohl ich Ihnen in diesem Buch oft raten werde, sich intensiv und ausdauernd mit dem Herzen Ihrer Geschichte zu beschäftigen, bedeutet das nicht, dass diese lang werden muss. Manche

Menschen fangen gar nicht erst an zu schreiben, weil Sie sich Sorgen machen, welches die richtige Länge ist. Aber es gibt keine »richtige« Länge (abgesehen von der richtigen Länge für *Ihre* Erinnerungen). Erinnerungen können ein oder zwei Seiten oder ein ganzes Buch lang sein. In Anthologien beispielsweise finden sich viele sehr kurze Erinnerungen: Manche sind nur Portraits von Menschen und Orten gemischt mit Gedanken, die sich ein Erwachsener im Rückblick dazu macht.

»The Gardener« von Denise Levertoff beschreibt »Old Day«, der für die Eltern der Autorin gearbeitet hat, als sie ein Kind war. Für das Kind ist Old Day gleichzeitig unheimlich und ein wenig gewöhnlich. Am Ende dieser sehr kurzen Erinnerung hört die erwachsene Autorin einen inzwischen alt gewordenen ehemaligen Nachbarn sagen, dass Old Day unmöglich noch leben könne. Sie schreibt:

Aber ich weiß es besser. Knochen und Dunst, bleich, weißhaarig, grauäugig, dürr, die Kleidung in Farben der Asche und der Erde, trottet er, ein unberechenbarer Halbgott, noch immer den Block auf und ab, huscht unbeobachtet direkt durch die Häuser nach hinten durch, bringt Leben und Blüte und Tod und Begräbnis in die rechteckigen innersten Sphären, die durch Backsteinmauern, Weißdorn, Goldregen, Apfelbäume, Erinnerung und Zeit voneinander getrennt sind. Manchmal hat er einen Spaten dabei, manchmal eine Sichel, und er lauscht schweigend den Befehlen, denen er nicht gehorchen wird. Er verfolgt eigene Absichten.

In einem bemerkenswert kurzen Abschnitt zeigt uns die Autorin zwei sehr unterschiedliche Perspektiven – die des Kindes und die des Erwachsenen –, für eine Erinnerung ein notwendiges Charakteristikum.

Es kann sein, dass Sie, wenn Sie sich an die Arbeit machen, noch nicht wissen, ob Ihre Erinnerung zwei oder zweihundert Seiten lang sein wird. Das Tempo, die Ausführlichkeit und die potenzielle Breite Ihres Themas werden sich erst offenbaren, während Sie sich mit Ihrem Material beschäftigen. Als ich mit dem Material zu arbeiten begann, aus dem später mein Buch *Lifesaving* wurde, glaubte ich, dass ich nur ein paar kurze Erinnerungen aufschreiben würde. Ich begriff erst, als ich bereits gut über hundert Seiten geschrieben hatte, dass diese Erinnerungen zusammen kommen und ein Buch werden wollten. Im Rückblick bin ich froh, dass ich noch nichts davon wusste, als ich anfing. Manchmal brauchen wir ein gewisses Maß an Unkenntnis, um uns ins Thema vertiefen zu können.

Ich musste schwer kämpfen, um aus der Vielzahl der Geschichten ein Ganzes zu machen. Die Geschichten handelten von meinem Leben in einer spanischen Kleinstadt, in der ich Anfang der Sechzigerjahre lebte. Ich war mit neunzehn, kurz nachdem meine Eltern bei einem Schiffsunglück ertrunken waren, dorthin gezogen, um als Reiseführerin und Dolmetscherin auf einem Weingut zu arbeiten. Ich wusste, dass meine Reaktion auf den Tod meiner Eltern das zentrale Thema des Buches sein musste, obwohl es nach außen hin etwas ganz Anderes zu sein schien. Die verborgene Trauer und die Einsamkeit, die jedem meiner Erlebnisse zugrunde lag, brauchten eine Form, in der sie sich zeigen konnten.

Als ich an dieser schwierigen Aufgabe schon verzweifeln wollte, träumte ich eines Nachts von einem Rettungsschwimmer-Kurs, den ich als Kind gemacht hatte. Am Morgen schrieb ich den Traum sofort auf und machte daraus ein neues Kapitel für mein Buch, obwohl es zwischen all den anderen Geschichten zeitlich und thematisch aus dem Rahmen zu fallen schien. Plötzlich kam mir die Idee, dieses neue Kapitel in einzelne Abschnitte zu teilen und in kursiver Schrift in die anderen Kapitel einzufügen. Woher mir der Gedanke kam, war mir zunächst ein Rätsel, aber später erkannte ich, dass es wahrscheinlich an James Hamilton-Patersons Buch *The Great Deep: The Sea and its Thresholds* lag, das ich erst kürzlich gelesen hatte und das eine ähnliche Struktur besitzt – was beweist, wie hilfreich es ist, viel zu lesen, wenn man selber schreiben will.

Als ich das »Rettungsschwimmer«-Kapitel in Abschnitte von jeweils wenigen Sätzen teilte und sie zwischen den Geschichten einfügte, sah ich mit Staunen, dass sich nicht wenige von diesen

Abschnitten direkt auf die vorangehenden oder folgenden Geschichten bezogen. Mein Buch hatte seine Form gefunden – zumindest in jenem Augenblick. Die kurzen »Rettungsschwimmer«-Abschnitte ließen das Gerüst, das ich so dringend brauchte, entstehen, und für eine Weile hielten sie die Struktur zusammen. Doch als das gesamte Werk solider wurde, brauchte ich sie nicht mehr als Stütze. Stattdessen erkannte ich, dass sie vieles enthielten, was ich für das letzte Kapitel gebrauchen konnte. Deshalb fügte ich die Fragmente wieder zusammen, nahm weiteres Material hinzu und benutzte das neu entstandene Kapitel als Abschluss für die gesamte Geschichte.

Durch diesen Prozess – schreiben, fragmentieren, einarbeiten, wieder zusammenfügen und neu verfassen – bekam ich ein tieferes Verständnis von dem Text, den ich geschrieben hatte. Das hat wiederum dazu geführt, dass ich immer wieder darüber nachdachte, wie ich meine Geschichte so präsentieren konnte, dass sie den unterschiedlichen Erfahrungen, der Schönheit, die sie berührte, und den Emotionen, die sie enthielt, gerecht wurde. Und erst, als ich das Gefühl hatte, dass die Struktur dies alles tatsächlich erreichte, wusste ich, dass *Lifesaving* seine endgültige Form gefunden hatte.

An dieser Stelle ein Wort über den Schluss von Erinnerungen – eine besondere Herausforderung für den Autor. Als Schriftsteller möchten Sie natürlich – genau wie Ihr Leser –, dass Ihre Geschichte eine Art Auflösung besitzt. Doch das Leben verläuft selten in solchen Bahnen. Wenn Sie erfundene Geschichten schreiben, versorgt das Handlungsschema Sie mit einer Auflösung, aber persönliche Erinnerungen erlauben es Ihnen nicht, Ereignisse oder Charaktere auf einen befriedigenden Abschluss hin zu manipulieren. Deshalb müssen Sie einen literarischen Abschluss anstreben. Betrachten Sie die Struktur des Ganzen und machen Sie sich ein Bild davon – ist es ausgewogen? Gibt es eine wichtige, grundlegende Frage, auf die Sie noch einmal zurückkommen müssen? Gibt es wiederkehrende Bilder, die Sie verwenden können? Lesen Sie die letzte Hälfte laut und versuchen Sie herauszuhören, worauf Ihre Geschichte auf den letzten Seiten hinaus will.

Auf der Suche nach dem richtigen Schluss sollten Sie nicht Ihre Geschichte um jeden Preis befriedigend abrunden wollen – das heißt: Geben Sie nicht um des »krönenden Abschlusses« willen die Komplexität auf. Das wäre ein Verrat an der Realität, in der bedeutende Ereignisse selten in einem Augenblick der Weisheit enden, sondern in die Zukunft weisen.

Übungsvorschläge

1. Schreiben Sie eine kurze (nicht mehr als zwei Seiten) Erinnerung an jemanden aus Ihrer Kindheit, der nicht zu Ihrer Familie gehörte – einmal aus der Perspektive des Kindes, das Sie waren, dann aus der des Erwachsenen, der Sie jetzt sind.

2. Suchen Sie ein Thema, das einen beständigen Einfluss auf Ihr Leben hat (Essen, Reisen, Ihre Beziehung zu Tieren, eine Phobie etc.), für eine längere Erinnerung. Schreiben Sie die ersten zwei Seiten dieser Erinnerung. Lesen Sie, was Sie geschrieben haben, und notieren Sie Ihre Ideen, wie man die Episoden, die Sie hinzufügen wollen, verbinden, wie man das Stück einteilen könnte, ob die Ereignisse chronologisch geordnet werden oder einem anderen Muster folgen sollen.

3. Konzentrieren Sie sich auf Ihre Beziehung zu einem Familienmitglied oder einem langjährigen Freund und:

- Schreiben Sie Geschichten und Anekdoten als Stichwort auf, die Sie mit dieser Person verbinden (der gemeinsame Ausflug nach ...; der Streit wegen ...; die Phase, in der wir ... etc.)
- Machen Sie eine Liste mit chronologischen Daten von wichtigen Ereignissen, die Sie und diese Person betreffen.
- Zeichnen Sie eine Linie, die – wie eine Grafik – die Höhen und Tiefen Ihrer Beziehung zu dieser Person im Laufe der vergangenen Jahre zeigt. Vermerken Sie an Bergspitzen und Talsohlen, ob es sich um Zeiten der Nähe, der Probleme, der Unbeschwertheit, der Unstimmigkeiten usw. gehandelt hat.
- Überlegen Sie, wie Sie eine kurze Erinnerung zu dieser Beziehung organisieren würden.
- Überlegen Sie, wie Sie eine lange Erinnerung zu dieser Beziehung strukturieren würden.

4

Die Wahrheit, wie Sie sie sehen

▶ Menschen, die ihre Erinnerungen aufschreiben, müssen zwangsläufig über den Begriff der Wahrheit nachdenken. Was ist die Wahrheit? Kann eine einzelne Person sie kennen? Wie verhält sie sich zu den vorhandenen Fakten? Wie Mary Clearman Blew einmal schrieb: »Ich selbst kämpfte eine ganze Zeit mit den widerstreitenden Anforderungen der exakten Wahrheit einerseits und andererseits mit der emotionalen Wahrheit, wie ich sie empfand.«

Obwohl beide Arten von Wahrheit in einer Erinnerung wichtig sind, stimmen sie manchmal nicht überein. Wenn Sie zum Beispiel zu viel recherchieren, könnten Sie feststellen, dass die Geschichte, die Sie seit zwanzig Jahren mit sich herumtragen, nicht wahr sein kann, weil die einzelnen Daten nicht übereinstimmen oder jemand ging, bevor ein anderer eintraf. Bis vor kurzem hatte ich eine Abneigung gegen Recherche, offenbar der Grund dafür, dass ich hauptsächlich Erinnerungen aus dem Gedächtnis schreibe.

Aber nicht alle sind wie ich. Manche recherchieren intensiv, *bevor* sie beginnen. Ian Frazier verbrachte zweieinhalb Jahre mit Nachforschungen zu so unterschiedlichen Themen wie die protestantische Kultur Amerikas und das Rezept für Angel's Food Cake, bevor er sich an die Arbeit zu seinem Buch *Family* machte. Eileen Simpson las eine Unmenge von Korrespondenz durch – darunter allein sechshundert Briefe, die sie selbst an ihre Schwester geschrieben hatte – bevor sie ihr Buch schrieb.

Selbst wenn Sie wie ich Recherche langweilig finden, sollten Sie darauf vorbereitet sein, bestimmte Daten und Fakten zu überprüfen. Ich habe mich inzwischen damit abgefunden, dass ich nicht darum herum komme, damit meine Erinnerungen genauer und wahrhaftiger werden. Es kann peinlich sein, allgemein bekannte Daten falsch einzusetzen, zum Beispiel der Tag, an dem Kennedy erschossen wurde, wer in jenem Jahr im Finale in Wimbledon stand oder – etwas, das mir fast entgangen wäre, bevor mein Buch in den Druck ging – ob man von Barcelona aus südwestlich oder südöstlich fahren muss, wenn man nach Gibraltar will. Wenn Sie Fakten, die allgemeines Wissen betreffen, falsch verwenden, werden Sie Dutzende von Briefe bekommen, in denen man Ihre schlampige Arbeit kritisiert. Nur eine Hand voll Leute wird sich dagegen die Mühe machen, Ihnen mitzuteilen, dass Tante Miriam mitnichten *nach* den Sommerferien in Maine schwanger geworden ist, sondern davor.

Aber wenn man von den allgemein bekannten Fakten absieht, sollten Sie sich nicht zu viele Gedanken darüber machen, ob jemand Ihre Geschichte anders in Erinnerung hat als Sie. Denken Sie immer an den Rat, den William Stafford zum Schreiben literarischer Texte gegeben hat: »Ihr ganzes Leben ist die Recherche für das, was Sie schreiben, – ich meine, es gibt nur einen einzigen ultimativen Experten: Sie. Für das, was Sie schreiben, gibt es keine andere Autorität.«

Weil die Erinnerung etwas sehr Persönliches ist und sich leicht ändern kann, ist es möglich, dass Sie dasselbe Erlebnis zu verschiedenen Zeiten ganz anders sehen. John Daniel schreibt in *Looking After* über seine an Alzheimer erkrankte Mutter. Nachdem er einige Forschungsberichte über das Gedächtnis gelesen hatte, fasste er zusammen: »Es ist ein System von nahezu unendlicher Komplexität, ein System, das ebenso für das Wiedergeben wie zum Verändern gemacht zu sein scheint, und letzteres kommt zweifelsfrei vor. Einzelheiten unterschiedlicher Erinnerungen verweben sich, so dass die Person, die sich erinnert, glaubt, sie seien zusammen geschehen. Plötzlich ist das Jahr, der Monat, der Tag ein anderer. Viele Einzelheiten gehen verloren, gewöhnlich um der Person der gegenwärtigen Situation gerecht zu werden, nicht der Person von vor zehn, zwanzig oder vierzig Jahren, als das erinnerte Ereignis stattgefunden hat. Und nicht einmal die frische Erinnerung, die ›ursprüngliche‹ ist verlässlich im aktenkundigen Sinne ... Kurz, die Erinnerung ist keine Aufzeichnung der Vergangenheit, sondern ein sich wandelbarer Mythos des

Verständnisses, den die Psyche aus ihrem Dialog mit der Welt entwickelt.«

Wenn das Gedächtnis die Geschichte unbewusst »überarbeitet«, muss der Autor manchmal im Interesse der Klarheit bewusst kleinere Einzelheiten anpassen. Manchmal gebe ich den Ereignissen eine neue Ordnung. Ich erfinde teilweise Dialoge, weil ich mich nicht mehr Wort für Wort erinnern kann. Ich lasse Dinge aus, die die Geschichte für einen Fremden zu kompliziert machen würden. Doch obwohl ich mir diese Freiheiten nehme, fühle ich mich, während ich die Erzählung gestalte, verpflichtet, die wahre Essenz von Ereignissen und Dialogen und ihren Zusammenhängen wiederzugeben. Erinnerungen sollen schließlich wahre Geschichten sein (oder sollen zumindest das Erlebte so wahrheitsgetreu wie möglich darstellen), und Sie haben dem Leser gegenüber die Pflicht, sich an diese Wahrheit zu halten.

Vielleicht sollten wir uns als Schriftsteller damit abfinden, dass es in Erinnerungen keine absolute Wahrheit gibt – genauso wenig wie im wahren Leben. Anna Akhmatova sagte einmal, dass jeder Versuch, eine Erinnerung zu schreiben, auf eine Verfälschung hinauslaufe. Vielleicht ist es deshalb unsere Aufgabe, zu entscheiden, in welchem Bereich das Herz einer Geschichte zu finden ist und gleichzeitig den Ereignissen, wie wir sie erinnern, gebührenden Respekt erweisen.

An dieser Stelle ein Wort der Warnung. Die Ereignisse, an die Sie sich erinnern, werden in Ihrem Gedächtnis nie wieder dieselben sein, wenn Sie sie erst einmal zu Papier gebracht haben. Jahrelang habe ich mich gefragt, ob mir, wenn ich mein ganzes Leben in Literatur verwandele, kein wahres Leben mehr bleiben wird … sondern nur noch die Geschichten darüber. Und die Sorge ist nicht unberechtigt: Es ist tatsächlich so. Heute weiß ich nicht mehr genau, wie es wirklich war, als ich mit zwanzig Jahren in Spanien lebte und um meine Eltern trauerte. Mein Buch steht nun zwischen mir und meinen Erinnerungen. Wenn ich versuche, an jene Zeit zurückzudenken, ist alles, was mir einfällt, das, was ich aufgeschrieben habe.

In einem Punkt sind wir uns sicher alle einig, dass die Wahrheit, wie immer wir sie definieren, oft schwer auszusprechen ist. Es kann schwer fallen, die Tatsachen einer Geschichte zu erzählen, aber es kann ebenso schwer fallen, die emotionale Wahrheit zu schreiben. Es ist nicht nur der Schmerz, den wir spüren, wenn wir es wagen, der Wahrheit nahe genug zu kommen, um sie aufzuschreiben. Es sind auch die Ängste, wenn wir an Veröffentlichung denken: Die Sorge, zu viel von uns persönlich preiszugeben, vor Rache, vor dem Verlust des Arbeitsplatzes, dem Verlust der Privatsphäre, der Schande für die Familie und sozialer Ächtung sind nur einige der Konsequenzen, mit denen wir konfrontiert werden, wenn wir etwas aussprechen, das andere vielleicht lieber verschweigen wollen.

Manchmal sind diese Ängste das Ergebnis von Drohungen: »Du kannst unmöglich darüber schreiben – das bringt deine Mutter um!« oder »Wenn du darüber schreibst, bist du bei mir nicht mehr willkommen.« Schweigen wird oft als eine Form der Loyalität betrachtet und Reden als Verrat an der Familie, an Kollegen, an Freunden, Institutionen, unserer Heimat. Wir kennen die hochgezogenen Augenbrauen, den Klatsch, die Menschen, die sich von uns abwenden. Wir wissen genau, was man von uns erwartet und was wir tun müssen, um akzeptiert zu werden. Vor allem uns Frauen wird auch heute noch häufig suggeriert, dass wir brav, lieb und harmoniewillig zu sein haben.

Virginia Woolf griff diese Forderungen an die Frauen auf, als sie 1931 ihre »Berufe für Frauen« schrieb, ein Text, der noch heute nicht veraltet klingt. Woolf beschreibt das Phantom, das sie bekämpfen musste, um die Wahrheit sagen und ihre ganz eigene Meinung ausdrücken zu können. Sie nennt dieses Phantom, den (weiblichen) »Engel im Haus« :

Ich will sie so knapp, wie ich kann, beschreiben. Sie war ausgesprochen mitfühlend. Sie war außerordentlich liebenswürdig. Sie war vollkommen selbstlos. Sie beherrschte die schwierige Kunst des Familienlebens. Sie opferte sich täglich. Wenn es Hähnchen gab, nahm sie ein Bein; wenn es irgendwo zog, setzte sie sich hinein – kurz: Sie war so gestrickt, dass sie keinen eigenen Verstand und niemals einen eigenen Wunsch besaß, sondern stets lieber vor dem Verstand oder den Wünschen anderer zurücktrat. ... Und als ich kam, um zu schreiben, traf ich sie schon bei den allerersten Worten an. Der Schatten ihrer Flügel fiel über meine Seite, und ich hörte das Rascheln ihrer Röcke in meinem Zimmer.

Obwohl Woolfs Lösung für dieses »Problem« uns vielleicht etwas übertrieben vorkommen mag, verlangen extreme Situationen vielleicht wirklich extreme Maßnahmen:

Ich stürzte mich auf sie und packte sie an der Gurgel. Meine Verteidigung, falls ich mich vor Gericht hätte rechtfertigen müssen, hätte gelautet, dass ich in Notwehr gehandelt hatte. Hätte ich nicht sie getötet, hätte sie mich getötet. Sie hätte meinem Werk das Herz herausgerissen.

Kathleen Norris erzählt in *Dakota*, dass es in ländlichen Orten im amerikanischen Westen üblich ist, die Geschichte aufzubereiten: Statt zu berichten, was wirklich geschehen ist, schreibt man lieber auf, wie man es sich gewünscht hätte. Diese geschminkte Vergangenheit verklärt die Ereignisse, tilgt Gewalttaten und Nöte und sorgt dafür, dass sich kein Nachkomme der Pionier-Familien beleidigt fühlen kann – alles, um die romantische Version der Vergangenheit zu erhalten. Das lässt sich auch auf die Gegenwart anwenden, so Norris: »Wenn wir die Vergangenheit harmonisch machen können, warum nicht gleich die Gegenwart? Warum Diskussionen riskieren, die Unannehmlichkeiten bereiten könnten?«

Die meisten Menschen gehören einer Gruppe an, die Loyalität erwartet. Die Wahrheit zu sagen ist ein Verstoß gegen die Regel. Als Alice Walker *Die Farbe Lila* veröffentlichte – ein Roman, keine Erinnerungen –, in der die Autorin glaubhaft und deutlich über Gewalt von schwarzen Männern an schwarzen Frauen schrieb, wurde sie öffentlich angegriffen, weil man Walkers Solidarität mit der farbigen Gemeinde anzweifelte. In ihren später erschienen Erinnerungen, die sich auf die Entstehung des Filmes nach der Buchvorlage konzentrieren, schreibt Walker: »Es hieß, dass ich

Männer hassen würde, besonders schwarze Männer, dass mein Buch der Beziehung zwischen farbigen Männern und Frauen schade, dass meine Vorstellungen von Gleichheit und Toleranz sich schädlich, sogar zerstörerisch auf die schwarze Gemeinde auswirken würde.«

Wer seine Erinnerungen aufschreibt, muss sich ständig mit Norris' Frage – »Warum Diskussionen riskieren?« – auseinander setzen. Tatsache ist, dass nicht nur Enthüllungen, die Sie selbst als brisant einstufen (Familiengeheimnisse, die mit Missbrauch zu tun haben, *Ihre* Version einer gescheiterten Beziehung, die Wahrheit über einen Freund, der verschwunden ist usw.) Unannehmlichkeiten nach sich ziehen können. Auch harmlose kleine Geschichten können eine solche Wirkung haben, ja, selbst eine fröhliche Anekdote kann jemanden ärgern, der sie anders in Erinnerung hat. Wenn Sie Geschwister haben, wissen Sie, dass jeder die Vergangenheit anders sieht. Wer war wessen Lieblingskind? Warum ist der Vater ausgezogen? Es kann ebenso viele Antworten wie Kinder in der Familie geben. Welche Geschichte Sie auch erzählen – nie sind Sie davor sicher, dass jemand sich ärgert, weil er nicht erwähnt werden wollte, weil er der Meinung ist, *dass* er hätte erwähnt werden müssen, oder weil er glaubt, dass Sie alles ganz falsch in Erinnerung gehabt haben.

Ja, warum also Diskussionen riskieren? Wenn Sie sich ernsthaft mit dem Thema Erinnerungen und Erlebnisberichte auseinander setzen, kennen sie die Antwort wahrscheinlich schon. Aus irgendeinem Grund, der für Sie oder Ihr Leben gültig ist, *müssen* Sie die Wahrheit aufschreiben. Aber selbst wenn Ihr Bedürfnis die treibende Kraft ist, kann es hilfreich sein, sich immer dann, wenn Sie vielleicht unsicher werden, daran zu erinnern, dass Ihre Wahrheit auch anderen zugute kommt. Häufig sind es gerade jene Menschen, die Sie anflehen, die Familiengeheimnisse doch im Dunkeln zu lassen, die eine Enthüllung am nötigsten haben.

Denken Sie auch immer daran, dass Leser, die Sie niemals kennen lernen werden, Ihnen eines Tages schreiben und für Ihre Aufrichtigkeit danken werden. Die meisten von uns können ein oder zwei Bücher nennen, die das eigene Leben verändert haben. Diese Werke haben oft deshalb eine solche Wirkung, weil sie etwas aussprechen, das wir nie zuvor ausgesprochen gehört haben, oder weil sie ein Thema, das für uns eine große Bedeutung hat, so darstellen, dass wir plötzlich in der Lage sind, ganz anders darüber zu denken oder sogar darüber zu schreiben. Es sind diese Wahrheiten, die – ob sie unsere eigene Erfahrung wiedergeben oder nicht – uns und unsere Kultur stützen.

Wir alle lernen aus Geschichten anderer, das ist vielleicht der größte Nutzen von Erinnerungen. Eine Erinnerung oder ein Erlebnisbericht bietet dem Leser nicht nur ein gutes Stück Prosa, sondern auch eine Geschichte, die der Erfahrung des Autors entspringt. Es ist die »Autorität der Wahrheit«, die die Erinnerungen eines anderen so attraktiv für uns macht. Wir erleben mit, wie der Autor seiner Existenz einen Sinn entnimmt, und selbst wenn die Umstände, unter denen *wir* leben, vollkommen andere sind, finden wir genügend Gemeinsamkeiten, so dass wir uns auf dieser Welt nicht mehr ganz so allein fühlen. Dieses Gefühl, Teil der menschlichen Gemeinschaft zu sein, ist sehr wichtig für unsere Kultur. Erinnerungen und Erlebnisberichte öffnen uns eine Tür zu diesem »Mit-Gefühl«, dadurch dass sie für uns wahr sind, gerade dann, wenn ihre Autoren in ihrer Individualität uns zeigen, wie unterschiedlich die Menschen die Welt betrachten. Alice Walker in *The Same River Twice*:

Er [der Theologe Howard Thurman] sagte, dass man, wenn man nur tief genug in sich selbst, in die eigenen Eigenarten eindringt, unvermeidlich in anderen Menschen wieder auftaucht. Wir haben die Fähigkeit, zu allem und jedem eine Beziehung aufzubauen und in der Tat sind wir alle miteinander verbunden … Wenn ich über meine Familie schreibe, über Typisches aus dem Süden, sagen Menschen in China, »Schau an, das ist aber sehr chinesisch.«

Selbst wenn Sie ganz sicher sind, dass die Wahrheit ausgesprochen werden muss, stoßen Sie vielleicht auf ein Thema, das absolut tabu erscheint. Ihre eigenen Hemmungen zu überwinden, ist der erste Schritt dazu, sich damit auseinander zu setzen. Tabus oder vermeintliche Tabus stellen auch besondere Probleme für den Tonfall und den Stil des Textes selbst dar. Die meisten Tabuthemen sind schmerzlich: Kindesmisshandlungen, sexueller Missbrauch, Alkoholismus, mentale oder physische Krankheiten – die Liste ist lang und bekannt. Diese Themen sind nicht nur für Sie, den Autor, schwierig, sondern auch für den Leser, egal ob dieser eine ähnliche Erfahrung gemacht hat oder nicht. Obwohl Ihre Geschichte für Ihre Leser ein wertvolles Geschenk sein mag, kann sie auch etwas sein, dem man sich nur widerstrebend nähert. Daher müssen Sie einen Weg finden, sie so zu schreiben, dass sie den Leser fesselt, ohne die Wahrheit zu beschönigen, abzuschwächen oder zu verschleiern.

~ Tabu ~

Etwas, das sich dem (sprachlichen) Zugriff aus Gründen moralischer, religiöser oder konventioneller Scheu entzieht; sittliche, konventionelle Schranke. *(Duden, Fremdwörterbuch)*

Und weiter: Tabu (polynesisch) bei Naturvölkern die zeitweilige oder dauernde Heiligung eines mit Mana erfüllten Menschen oder Gegenstandes mit dem Verbot, ihn anzurühren.

Wenn wir uns mit einem schwierigen Thema auseinander setzen wollen, kann es hilfreich sein, sich die Ursprünge des Wortes »tabu« in Erinnerung zu rufen: Es wurde zuerst in Tonga für etwas Heiliges verwendet. Wenn wir tabuisierte, überaus schwierige Themen zu heiligen Themen erklären, kann uns das in unserer Überzeugung, die Wahrheit sagen zu müssen, bestärken.

Manche Autoren erreichen das mit Humor. Humor ist eine wunderbare Methode, den Leser am Geschehen zu beteiligen, aber er ist auch sehr schwer umzusetzen, wenn der Gegenstand der Erinnerung ein düsterer ist. Ein gutes Beispiel für die gelungene Verbindung von ernstem Thema und Humor ist *Die Asche meiner Mutter* von Frank McCourt, die, obwohl mit »Irische Erinnerungen« untertitelt, eher eine Autobiografie ist. Indem McCourt bei der Beschreibung seiner Jugend keinmal von der kindlichen Perspektive abrückt, verleiht er seinem Bericht einen komischen, manchmal sogar skurrilen Charakter. Das ermöglicht dem Leser, die Ereignisse mit einer gewissen Distanz zu verfolgen. Im nachstehenden Auszug zieht der junge Frank mit seinem Vater los, um etwas zu Essen zu besorgen. Die Mutter weint noch um den Sohn, der gerade gestorben ist:

Er trägt mich durch die Straßen von Limerick, und wir gehen von Laden zu Laden, und er bittet um etwas zu essen oder irgendetwas, was sie einer Familie geben können, die in einem Jahr zwei Kinder verloren hat, eins in Amerika, eins in Limerick, und in der Gefahr schwebt, aus Mangel an Essen und Trinken drei weitere einzubüßen. Die meisten Krämer schütteln den Kopf. Tut mir Leid, dass Sie in Not sind, aber Sie könnten doch zur Gesellschaft vom Hl. Vincent de Paul gehen oder Sozialhilfe beantragen.

Dad sagt, er ist froh, den Geist Christi in Limerick so lebendig zu sehen, und sie sagen ihm, auf Leute wie ihn haben sie gerade noch gewartet, um sich mit nördlichem Akzent was über Christus erzählen zu lassen, und er soll sich sowieso was schämen, dass er mit seinem Kind herumzieht wie ein ganz gewöhnlicher Bettler, ein Kesselflicker, ein Abdecker.

Aber ob Sie Humor einsetzen, wenn Sie mit schwierigen Themen umgehen, oder nicht, es ist vor allem der Tonfall des Textes, der von großer Bedeutung ist. Ich persönlich kann Geschichten über fast jedes Thema lesen, wenn ich dem Autor grundsätzlich vertraue und ihn respektiere. Die Stimme muss Autorität besitzen. Aber noch wichtiger für mich ist das Wissen, dass es dem Autor jetzt, während er schreibt, gut geht. Wenn er einen Selbstmordversuch beschreibt oder die Grausamkeit des ehemaligen Kindermädchens oder eine Phase akuter Einsamkeit, muss ich unbedingt das Gefühl haben, dass der Autor – nicht die Figur, die das Erlebnis überlebt – die Kontrolle über seine Geschichte hat. Wie Nancy Mairs schreibt: »Vom literarischen Standpunkt aus reicht es nicht, ein sehr schlimmes Erlebnis (oder ein sehr schönes Erlebnis, was das betrifft) gehabt zu haben und nun darüber zu reden. ... Krankheit, Invalidität und Tod können (und dürfen) einem strengen ästhetischen Urteil nicht im Weg stehen.« Oder wie es V. S. Pritchett sieht: »Es liegt alles in der Kunst. Man wird nicht fürs Leben gelobt.«

Der Tonfall solcher Texte kann ernsthaft, ironisch, wütend, traurig oder alles andere sein – nur nicht weinerlich. Es darf kein verstecktes Ersuchen um Hilfe geben – kein noch so unterschwelliges Heischen um Mitgefühl. Der Autor muss seine Arbeit getan, muss seinen Frieden mit den Tatsachen gemacht haben und die Geschichte um der Geschichte willen erzählen. Obwohl schreiben durchaus einen weiteren Schritt zur Genesung bedeuten kann, darf dies nicht das erkennbare Motiv sein: Literarisches Schreiben ist keine Therapie. Die oberste Pflicht eines Schriftstellers ist das Erzählen der Geschichte, und ich als Leser muss spüren, dass ich mich in die Hände eines kompetenten Autors begeben habe, der von mir nichts weiter als meine Aufmerksamkeit verlangt. Ich muss sicher sein können, dass der Autor mich nicht dazu benutzt, seinen Status oder den seiner Familie zu erhöhen oder seine »aufbereitete« Version der Vergangenheit zu hören. Ich muss außerdem sicher sein, dass der Autor mich nicht dazu benutzt, sich an einer der Figuren der Geschichte zu rächen. Wenn sein Wunsch, einen »Feind« zu demütigen, seine Hingabe an die Geschichte selbst überlagert, wird sich das im Tonfall niederschlagen, und er wird mich als Leser verlieren.

Auf der anderen Seite braucht Wut, wenn der Leser dieses Gefühl als gerechtfertigt erkennen kann, nicht verwässert oder verhüllt zu werden. Paul Monette eröffnet seinen preisgekrönten

~ Tonfall ~

Der Tonfall ist der veränderliche Aspekt der Stimme. Während die Stimme immer die des betreffenden Autors ist, kann der Tonfall an einem Tag wütend, am nächsten ironisch sein. Der Tonfall ist ein Hinweis auf die Haltung, die der Autor seinem Text gegenüber hat, und wird zum Teil durch die Wortwahl erreicht.

Erlebnisbericht über einen schwulen Jugendlichen, *Coming out: Die Geschichte eines halben Lebens*, mit etwas, das man Diatribe nennen könnte. Harte Worte, Ironie und Bitterkeit fordern den Leser heraus, sich dem schwierigen Material zu widmen, verlangen jedoch weder von ihm, die Wut zu teilen, noch bitten sie um Mitgefühl:

Ich spreche hier für niemand anderen, und sei es nur deshalb, weil ich den Frauen und Männern meiner Gemeinde nicht das bleierne Gewicht meines Selbsthasses aufbürden will, jenes besonderen, türlosen Raumes meines internen Exils. Und doch habe ich erkannt, dass all unsere Geschichten auf dieselbe Gefangenschaft hinauslaufen. Die Selbsttäuschung der Einzigartigkeit. Die schwärende Illusion, dass wir genau wie sie sind. Das Ausweiden all unserer Leidenschaften, bis wir nur noch ein Haufen Eunuchen, unsere erogenen Zonen in Feindeshand sind. Und dann die Bauchrednerei, die Lektionen, wie man für hetero durchgeht. So gehorsame Sklaven sind wir, so blitzsauber unsere Räume.

Glauben Sie nicht, dass Ihre Geschichte schon allein deshalb schwer und traumatisch wird, weil Sie sich an die Wunden noch so genau erinnern oder weil sie Sie dazu gebracht haben, alles aufzuschreiben. Manche Menschen erinnern sich nur an die traurigen Abschnitte ihrer Kindheit, stellen aber während Ihrer Arbeit fest, dass die Beschäftigung mit der Vergangenheit auch viele schöne Erlebnisse ans Tageslicht bringt, die Sie vergessen hatten. Viele

Geschichten, die sich im Kern um einen großen Verlust drehen wie *Das blaue Herz des Eises* von Jenny Diski besitzen Humor und Ironie. Und natürlich gibt es auch Erinnerungen, die überhaupt kein Trauma zum Thema haben, sondern die man als Beschreibung von Glück bezeichnen kann.

Erinnerungen erzählen teilweise von den Nachforschungen des Autors, der versucht, die Vergangenheit und ihre Ereignisse zu rekonstruieren. Besonders bei Familiengeschichten ist es nötig, sich über Angehörige, die man nie kennen gelernt hat, zu informieren. Manchmal hängt Erlebtes auch eng mit der Geschichte des Landes zusammen, in dem es stattfand. Solange der Leser erkennt, dass es sich hier um Ihre Nachforschungen und Überlegungen oder um zusammengesetzte Teile Ihrer Vergangenheit handelt, die Sie zwar nicht unmittelbar erlebt haben, die aber Ihr Leben beeinflusst hat, behält Ihre Erzählung die persönliche Stimme und den ehrlichen Tonfall einer Erinnerungen. Diese Abschnitte sind manchmal ziemlich schwer zu integrieren. Sie müssen dabei gut darauf achten, dass Sie nicht plötzlich auf eine vollkommen andere Stimme umschalten, weil man in solchen Augenblicken versucht ist, neutraler zu schreiben.

Peter Balakian stellt in *Die Hunde vom Ararat*, die Geschichte eines Armeniers, der ohne Kenntnis seiner Familiengeschichte in Amerika aufwächst, Nachforschungen über den Genozid an, der zur Flucht seiner Großeltern in die USA führte. Er zitiert aus Büchern, die er zur Geschichte seiner Vorfahren gelesen hat und versucht, aus den Papieren, die das Leben seiner Großmutter dokumentieren, zu rekonstruieren.

In *Landschaften einer fernen Mutter* beschreibt der Lyriker SAID wie er wenige Tage nach der Geburt von seiner Mutter getrennt wird, weil sich die Eltern scheiden lassen und er beim Vater aufwächst. Jahrzehnte später, der Autor lebt schon seit langem im deutschen Exil, erhält er einen Telefonanruf aus Teheran: die Mutter sei auf dem Weg nach Kanada und möchte ihn treffen. Die Begegnung mit seiner Mutter, seine zwiespältigen Gefühle und seinen Verlust der Heimat machen deutlich, welche Wunden diese Trennungen bis heute schlagen.

In beiden Büchern passen diese Abschnitte sehr gut in die emotionale und spirituelle Reise, die Teil der Erinnerung ist. Dennoch kann es schwierig sein, solche Informationen einzufügen, wenn der starke Rahmen und die beständige Stimme fehlen.

Ihre Wahrheiten auszusprechen – die problematischen und die schönen und all jene dazwischen – ist ein wesentlicher Teil guter, packender Texte. Es ist auch das, was die Freude am Schreiben ausmacht. Die meisten Menschen, die einen Garten gestalten und hegen und pflegen, verbringen nicht deshalb so viel Zeit auf Knien rutschend und Unkraut zupfend, damit das Endergebnis perfekt ist und die Betrachter in Entzückensschreie ausbrechen; sie studieren Gartenbücher, bestellen Samen, wässern kümmerliche Büsche, verlegen die schweren Pflastersteine, bis der Pfad ansprechend ist, *weil es ihnen Spaß macht,* sich damit zu beschäftigen. So sollte es auch mit Ihrer Arbeit sein. Genießen Sie, Ihrem Werk beim Wachsen zuzusehen, freuen Sie sich, dass Sie besser werden und applaudieren Sie Ihren Fortschritten. Aber all das ist nur möglich, wenn Sie der Wahrheit nicht aus dem Weg gehen. Ihr Leser spürt es, und Sie selbst auch. Die Anerkennung für Ihren Mut erhalten Sie durch die Befriedigung, ein besserer Schriftsteller zu werden.

Ich möchte an dieser Stelle hinzufügen, dass die Wahrheit *allein* noch keinen guten Text macht. Sie haben sicher auch schon Stücke gelesen, die schmerzhaft aufrichtig sind, und trotzdem langweilen, peinlich oder ärgerlich sind. Und Sie haben vielleicht auch die Autoren gehört, die sich bei jeder noch so leisen Kritik mit einem vehementen, »Aber das ist doch die Wahrheit!« verteidigen, als ob das literarische Qualität garantiert. Wenn der Autor mehr daran interessiert ist, mit jemanden aus der Vergangenheit abzurechnen, als seine Geschichte so zu gestalten, dass sie sein Bedürfnis nach Rache entsprechend übersetzt, kann keine Wahrheit der Welt das Werk retten. Es ist die einzigartige Mischung von Wahrheit und Kunst – eine Mischung, die man vielleicht erst nach jahrelanger

Übung erreicht –, die direkt ins Herz des Lesers dringt und Mitgefühl oder ein Aufblitzen des Erkennens erzeugt.

Nachdem ich Sie nun hoffentlich dazu ermutigt habe, sich mit Ihrer persönlichen Geschichte und der Wahrheit, wie immer Sie sie sehen, zu beschäftigen, möchte ich Sie auch dazu ermutigen, gut darüber nachzudenken, was Sie der Welt enthüllen möchten. Meinungsfreiheit bedeutet auch, dass Ihnen verschiedene Möglichkeiten zur Verfügung stehen, und an einem bestimmten Punkt müssen Sie innehalten und darüber nachdenken, warum Sie gerade diese Gedanken, Geschichten und Worte, die Sie gewählt haben, mit anderen Menschen teilen möchten.

Ich bin davon überzeugt, dass unser Beruf als Schriftsteller noch einen anderen Sinn hat, als unser Bedürfnis nach Ausdruck unseres Individuums zu befriedigen, jenseits der romantischen Verklärung des Schriftstellerlebens. Wenn wir unsere Geschichten erzählen, übernehmen wir auch eine Aufgabe in der Gestaltung unserer Kultur. Die Dichterin Elizabeth Woody sagte es so: »Unsere Worte lassen die Welt entstehen.«

Jeder von uns setzt sich mit dieser Aufgabe unterschiedlich auseinander: Für Sie ist es vielleicht wichtig, den Missbrauch, unter dem Sie als Kind gelitten haben, in allen Details zu beschreiben und die Schuldigen zu nennen, während ich mich, sagen wir, auf alles, was dem Missbrauch vorhergeht und was danach folgt, konzentrieren würde. Ein Autor mag der Meinung sein, in unserer heutigen Zeit bräuchten wir vor allem Geschichten über Bewältigungs- und Heilungsprozesse in unserer Gesellschaft, während ein anderer sich mit Hingabe der detaillierten Beschreibung der Natur widmet. Manche halten alles für wertvoll, was andere Menschen zum Lachen oder Weinen bringt, andere möchten ihre Mitmenschen zum Nachdenken anregen und die Gesellschaft verändern. Es ist nicht wichtig, dass wir in unseren Meinungen übereinstimmen; wichtig ist allein, dass wir darüber nachdenken, welchen Beitrag wir leisten wollen, und dass wir unsere Wahl immer sehr bewusst treffen.

Toni Cade Bambara schrieb einmal: »Ich kann nicht glücklich werden, wenn ich Hässliches schreibe. Wenn ich nicht lache, während ich arbeite, schließe ich daraus, dass ich nichts Sinnvolles übermittele, denn Lachen ist das beste Heilmittel, das ich kenne.« Ursula K. Le Guin macht, wenn sie sich mit quälenden Themen auseinander setzen muss, den Unterschied zwischen »unkontrolliertem Herausfließenlassen«, womit sie meint, dass sie schreibt, aber das Geschriebene nicht öffentlich macht, und »Zeugnis ablegen«, was bedeutet, dass sie andere daran teilhaben lässt. Andrea Carlisle entscheidet, ob etwas zur Veröffentlichung geeignet ist oder nicht, indem sie den Text sehr kritisch prüft: »Bitte ich um etwas für mich selbst – um das Mitgefühl der Leser, dass sie mich mögen oder dass sie sich ebenso schlecht fühlen wie ich – oder ist der Text etwas Eigenständiges, das nichts verlangt, außer gehört und gefühlt zu werden?«

Keiner dieser Autoren hat eine allgemeingültige Antwort dafür, aber alle machen sich ernsthafte Gedanken über den Beitrag, den sie für die Entwicklung unserer Kultur leisten. Tun auch Sie das. Halten Sie an Ihren eigenen Wahrheiten fest und denken Sie daran, dass die Freiheit, sie auszusprechen, mit der Verantwortung dem Leser gegenüber verknüpft ist.

1. Denken Sie an ein Ereignis, zu dem eine oder mehrere Personen andere Meinungen haben als Sie. Erzählen Sie Ihre Version und beginnen Sie mit den Worten: »So habe *ich* in Erinnerung, was geschehen ist …«.

2. In Kathleen Norris' *Dakota* gibt es ein Kapitel mit der Überschrift, »Kann man in einer Kleinstadt die Wahrheit sagen?« Ersetzen Sie »Kleinstadt« durch »in meiner Familie«, »in diesem Viertel«, »in dem Krankenhaus, in dem ich arbeite«, »in der Schwulengemeinde« oder was immer zu Ihrer Situation passt. Schreiben Sie nun über das Thema, ohne allgemein zu werden; bleiben Sie persönlich.

3. Schreiben Sie alles auf, das für Sie ein Tabu ist. Wählen Sie etwas aus dieser Liste, worüber Sie schreiben könnten.

4. Schreiben Sie eine Erinnerung, indem Sie mit den Worten beginnen: »Es wäre viel zu gefährlich, über das Folgende zu reden …«.

5. Schreiben Sie eine Geschichte über etwas, auf das Sie stolz sind, und tun Sie es ohne falsche Bescheidenheit, ohne ihre Leistung herunterzuspielen.

6. Beschreiben Sie eine Sexszene aus Ihrem Leben. Schreiben Sie anschaulich, spezifisch und deutlich. Versuchen Sie, Metaphern und Klischees zu vermeiden.

5

Szene, Zusammenfassung und das nachdenkliche Element

▶ Wenn Sie Ihre Erinnerungen aufschreiben, erzählen Sie Geschichten. Manchmal besteht die Erinnerung aus nur einer einzigen Geschichte, die mit den Kommentaren des Erzählers durchsetzt ist. Manchmal haben wir ein Thema, das durch viele verschiedene Geschichten illustriert wird. Sie haben viele Möglichkeiten, Ihre Erinnerungen zu strukturieren, aber um aus der Geschichte das Beste zu machen, benötigen Sie ein paar Fertigkeiten aus der schönen Literatur. Szene und Zusammenfassung sind zwei wichtige Mittel, um sich durch die Geschichte zu bewegen. Was ich »Nachdenken« nenne, ist ein zusätzliches Element, das in der Fiktion manchmal verwendet wird, für Erinnerungen und Erlebnisberichte jedoch ein unverzichtbarer Bestandteil ist. Mir ist aufgefallen, dass viele angehende Schriftsteller fast ausschließlich die Zusammenfassung verwenden, während erfahrenere Autoren sich dem Nachdenken mit Misstrauen nähern, weil sie auf »zeigen, statt erzählen« getrimmt sind.

Um die Elemente Szene und Zusammenfassung zu veranschaulichen, bedienen wir uns aus dem Filmvokabular:

Man kann die Zusammenfassung mit der Weitwinkel- oder Panoramaaufnahme vergleichen – die Kamera bewegt sich langsam rückwärts, filmt erst das Haus, dann die Nachbarhäuser, dann die ganze Straße, filmt anschließend vielleicht aus der Luft und nimmt die ganze Stadt und den Wald, der sie umgibt, auf. In diesen Bildern sind viele Details enthalten, doch alle werden aus der Distanz betrachtet, so dass keines wichtiger als das andere erscheinen kann.

Die Szene dagegen ist eher wie eine Nahaufnahme: Die Kamera zoomt durch das Küchenfenster heran und hält zwei Personen fest, die am Tisch miteinander reden. Sie richtet sich auf denjenigen, der gerade spricht, und wechselt anschließend zum nächsten, während die Zuschauer hören, was die beiden zu sagen haben. Viele Einzelheiten in der Küche entgehen dem Publikum: Vielleicht sieht man verschwommen einen blauen Krug auf der Anrichte hinter der einen Person, vielleicht bekommt man eine Ahnung von gelb gestrichenen Küchenwänden. Doch in dieser Szene sind es die Sprecher, um die es geht; es zählt das, was sie sagen. Nur bewusst ausgewählte Einzelheiten sind scharf zu sehen.

Übersetzt ins literarische Vokabular bedeuten diese zwei Darstellungsmittel auch unterschiedliche Zeitspannen:

Die Zusammenfassung verbindet das Ende der einen Szene mit dem Anfang der nächsten, selbst wenn dazwischen ein Jahr liegt, und vermittelt für den Fortgang der Geschichte wichtige Informationen.

Eine Szene dagegen deckt einen kurzen Zeitabschnitt ab; wir drosseln das Erzähltempo auf eine Geschwindigkeit, die dem zeitlichen Ablauf der Wirklichkeit näher kommt. Weil der Autor heranzoomt und das Geschehen nicht auf wenig Zeit verdichtet werden muss, kann der genaue Wortlaut der Gespräche wiedergegeben, die Gesichtsausdrücke, Reaktionen und Gesten und sogar Geräusche, Gerüche und Anblicke aus der nahen Umgebung beschrieben werden. Der Autor kann in den Kopf einer Figur schauen und uns erklären, was nicht ausgesprochen wird, er kann die Mimik beschreiben und interpretieren. Er entscheidet, welche Einzelheiten in der Nahaufnahme auftauchen.

Wenn Sie beginnen, Ihre Zusammenfassung mit Szenen zu durchsetzen, dürfen Sie sich nicht nur auf diese Szenen verlassen, um den Text spannend und interessant zu machen. Auch Zusammenfassung kann und soll die Geschichte mit aussagekräftigen, sensorischen Details versorgen und ist sicherlich mehr als nur eine Methode, größere Zeitabstände zu überbrücken. Dieser Auszug aus Esmeralda Santiagos *Als ich noch in Puerto Rico war* zeigt, wie fesselnd eine Zusammenfassung sein kann:

Ich begann mitten in der Hurrikan-Saison mit der Schule, und die Welt wurde plötzlich größer, ein weitläufiger Ort mit anderen Erwachsenen und Kindern, deren Leben ähnlich war, obwohl ich es mir aus Respekt und dignidad nicht genauer ansehen durfte. Dignidad war etwas, das man anderen Leuten gegenüber an den Tag legte, und mit dem einem im Gegenzug andere Leute begegneten. Dignidad bedeutete, dass man niemals fluchte, in Gegenwart Fremder niemals Ärger zeigte, niemanden anstarrte, niemals zu nah bei Leuten stand, die man gerade erst kennen gelernt hatte, niemals jemandem mit tú ansprach, bis man die Erlaubnis dazu bekommen hatte …

In der Schule wischte ich freiwillig die Tafel, spitzte die Bleistifte und verteilte liniertes Papier, auf das wir unser malträtiertes Alphabet schrieben, mit der mysteriösen Tilde über dem n, *so dass* ñ *daraus wurde, das* ü, *die Doppelkonsonanten* ll *und* rr *mit ihren starken Lauten. Ich liebte die ordentlichen Reihen Tische, die exakt hintereinander standen, die pockennarbigen Oberflächen, die an jenen Stellen glänzten, die nicht abgesprungen waren, das aufgeregte Prickeln, wenn ich das Pult aufklappte und in das Fach darunter blickte, in dem ich meine Fibel aufbewahrte, das linierte Papier und die Bleistiftstummel, die ich hütete, als ob sie feinstes Schreibgerät seien.*

Wenn ich nach Hause ging, fühlte ich mich in meiner grüngelben Uniform sehr wichtig. Sie war mein wertvollster Schatz, das Einzige im ganzen Haus, was mir allein gehörte, denn weder Delsa noch Norma waren alt genug, um schon zur Schule gehen zu dürfen.

Aber die Schule war auch der Ort, an dem ich meine Familie mit den anderen Familien im barrio *vergleichen konnte. Ich erfuhr von betrunkenen Vätern, »schlechten« Müttern, mit durchreisenden Kaufleuten durchgebrannten Schwestern und von Schülern, die im Gefängnis gelandet waren. Ich kannte Kinder, deren Mütter die Entfernung von ihrem Haus zur Kirche auf den Knien zurücklegten, um für erhörte Gebete zu danken. Kinder, deren Väter jeden Tag nach Hause kamen und in den staubigen Vorgärten Fangen spielten. Mädchen, die von ihren Schwestern lernten, Taschentuchränder mit Blumen zu besticken. Jungen, deren Brüder ihnen halfen, auf Bäume zu klettern. Es gab Familien im* barrio, *die fließendes Wasser im Haus hatten, und elektrische Glühbirnen in jedem Zimmer, Vorhänge vor den Fenstern und bedrucktes Linoleum auf den Böden.*

Der Abschnitt, der sich noch eine weitere Seite fortsetzt, deckt eine lange Zeitspanne ab, die nur durch den Hinweis auf den Schulanfang der Erzählerin näher bezeichnet wird. Wenn wir die Verben lesen, wissen wir natürlich, dass die Sprecherin nicht nur dieses eine Mal und nicht nur zu Beginn der Schule von betrunkenen Vätern erfuhr oder die Tafel wischte.

Es ist klar, dass die Handlung sich über einen längeren Zeitraum hinzieht, dass wir es hier mit einer Zusammenfassung, nicht mit einer Szene zu tun haben. Eine Szene beginnt oft mit einer genauen Datierung wie »Eines Tages im Frühling«, »Donnerstag Nachmittag«, »Drei Wochen später« oder »um sieben Uhr abends«. Hier ein weiterer Ausschnitt aus Santiagos Erinnerungen. Vergleichen Sie die zeitliche Lokalisierung und die Kamerafahrt mit dem vorherigen Auszug:

Am Sonntagmorgen gab Abuela mir vor dem Frühstück das gewaschene und gebügelte Piqué-Kleid.

»Wir gehen zur Messe«, sagte sie und zog eine kleine weiße Mantille hervor, die ich während des Gottesdienstes tragen sollte.

»Aber können wir erst frühstücken, Abuela? Ich habe Hunger.«

»Nein. Wir fasten vor der Kirche. Frag nicht warum. Es ist zu kompliziert, um es dir zu erklären.«

Ich zog mich an, kämmte mich, und sie half mir, die Mantille oben auf dem Kopf festzustecken.

»Von jetzt an bis wir wieder zurück sind«, sagte sie, »darfst du nichts als gute Gedanken haben, denn wir gehen zum Haus Gottes.«

Ich war noch nie in der Kirche gewesen und ich hatte mir noch nie die Zeit genommen, meine Gedanken in gute oder schlechte einzuteilen. Aber ich wusste sofort, was sie meinte, und ich wusste auch, dass ich von jetzt an und bis wir wieder zurück waren nur schlechte Gedanken haben würde.

Weil wir es in diesem Abschnitt mit einer Szene zu tun haben, ist klar, dass sich die Verben wie »anziehen« und »kämmen« nur auf diesen einen besonderen Tag beziehen.

Wie Sie festgestellt haben, enthält dieses Szene auch einen Dialog; ja, es ist hauptsächlich dieses Gespräch zwischen der Erzählerin und ihrer Großmutter, das den Leser nah an die Handlung heranführt und die beiden Figuren in den Mittelpunkt rückt. Um gute Szenen schreiben zu können, müssen Sie sich mit Dialogen beschäftigen und echten Gesprächen konzentriert zuhören. Nur so finden Sie heraus, wie die Menschen wirklich reden und was Sie davon verwenden können.

Manchmal protestiert ein Schüler, wenn sein Dialog kritisiert wird. Er habe nur genau aufgeschrieben, was gesagt worden ist, – sicher hat er das auch. Aber durch eine Übertragung des wahren Lebens auf Papier entsteht keine packende Geschichte, ebenso wenig wie ein Foto von der Aussicht aus Ihrem Fenster davon überzeugen muss, in welch atemberaubender Landschaft Sie wohnen. In beiden Fällen heißt es Entscheidungen zu treffen: Wie nah soll der Betrachter kommen, wer oder was steht im Mittelpunkt, was kann ausgelassen werden? – Es sind Fragen von ästhetischer Bedeutung, deren Antworten bestimmen, wie angenehm, fesselnd oder anrührend die jeweilige Szene sein wird.

Was die Frage betrifft, ob der Dialog echt klingt, so gibt es keinen besseren Test, als das Geschriebene laut vorzulesen und ihn daraufhin so oft zu überarbeiten, bis Sie zufrieden sind. Hüten Sie sich vor der Versuchung, die Rede durch besondere Zuordnungssätze zu würzen – das sind die Satzfragmente wie »er sagte« und »sagte sie«, die Sie gelegentlich brauchen, um klar zu machen, wer gerade spricht. Da man gewöhnlich jedes Mal, wenn der Sprecher sich ändert, eine neue Zeile beginnt, braucht man diese Zuordnungssätze seltener, als Sie vielleicht denken. Setzen Sie sie nur ein, wenn die Unterhaltung ohne sie sonst nicht eindeutig wäre. Reichern Sie das Gespräch nicht mit beschreibenden Verben an, wie »fauchte er« oder »grübelte sie« oder Sätzen wie »sagte er mit liebevoller Stimme« oder »erwiderte sie mit sarkastischem Unterton«. In wirklich guten Texten wird die Information, die Sie damit vermitteln wollen, aus dem Dialog selbst klar; der Leser lernt die Figuren durch das, was sie sagen, kennen.

In Erinnerungen und Erlebnisberichten geben Sie wahre Geschichten wieder, und die Rekonstruktion von Dialogen, die in Ihrer Vergangenheit stattgefunden haben, wirft erneut die heikle Frage nach der Wahrheit auf. Sie werden sich wahrscheinlich nicht an die genauen Worte erinnern, höchstens an den einen oder anderen Satz, der sich aus irgendeinem Grund in Ihrem Gedächtnis eingeprägt hat. Aber selbst wenn Sie sich genau erinnern *können* oder die Unterhaltung sogar aufgenommen haben, ist eine originalgetreue Wiedergabe dessen, was gesagt wurde, vermutlich wenig geeignet, den Leser zu fesseln. Sie müssen die besten Wörter herauspicken, die besten Sätze extrahieren und neu gruppieren, und den Dialog so gestalten, dass er Ihre Geschichte unterstützt und die Figuren porträtiert.

In den meisten Fällen werden Sie keine Bandaufnahme und keine Mitschrift haben, so dass Sie improvisieren müssen, wobei Sie nicht vergessen dürfen, dass Sie keinen fiktionalen Text schreiben. Lassen Sie aus, was immer Sie können, und sorgen Sie dafür, dass dem Leser in jedem Augenblick klar ist, wer spricht und worüber gesprochen wird, aber behalten Sie dabei immer die Wahrheit im Sinn. Für mich bedeutet das, konzentriert nach dem Kern des tatsächlichen Geschehens zu suchen, statt nur nach einer guten Story, die zwar auf Erfahrenem und Erlebten basiert, aber sich irgendwann verselbständigt und auf ihrer eigenen Flugbahn davonzieht.

Das »nachdenkliche Element« der Erinnerungen tritt in zwei verschiedenen Formen auf. Manchmal erscheint es direkt auf dem Papier, erkennbar getrennt von der Erfahrung, die es wiedergibt. Ein anderes Mal gibt uns der Autor zu verstehen, dass er das Nachdenken darüber bereits beendet hat, und uns nun an seinen Erkenntnissen teilhaben lässt. Immer erkennbar allerdings ist die Gegenwart der rückblickenden Stimme. Am Anfang seines Buches *Geschichte eines Deutschen* schreibt Sebastian Haffner über den letzten Krieg aus der Position eines Menschen, der dem nächsten Krieg entgegensieht:

Der Ausbruch des vorigen Weltkriegs, mit dem mein bewusstes Leben wie mit einem Paukenschlag einsetzt, traf mich, wie er die meiste Europäer traf: in den Sommerferien. … Mit welcher gnädigen Plötzlichkeit der vorige Krieg ausbrach, wenn man es mit dem marternd langsam Näherrücken des jetzt kommenden vergleicht! Am 1. August 1914 hatten wir noch gerade beschlossen, das Ganze nicht ernst zu nehmen und in unserer Sommerfrische zu bleiben. Wir saßen auf einem Gut in Hinterpommern, sehr weltverloren, zwischen Wäldern, die ich, ein kleiner Schuljunge, kannte und liebte wie nichts Anderes auf der Welt.

Das ist natürlich ein ziemlich extremes Beispiel für eine solche Trennung; deutlicher kann man es wohl nicht machen. Andere Autoren wechseln häufiger zwischen Geschichte und Betrachtung hin und her, doch auch in diesen Fällen bleiben die beiden Elemente stets klar unterscheidbar.

Auf der ersten Seite von *Lifesaving* beginne ich eine Geschichte zu erzählen, die ich bereits im zweiten Absatz unterbreche, um ein paar Gedanken dazu einzubringen, worum es in der Geschichte gehen wird. Anschließend fahre ich mit dem dritten Absatz fort:

Ich muss zwölf gewesen sein, als mein Vater, meine Mutter und ich an der Regatta von Shoreham nach Littlehampton teilnahmen. Tatsächlich war ich mehr als einmal bei der Regatta dabei, aber ich will hier von dem einzigen Mal erzählen, als meine Mutter ebenfalls teilnahm – dieses eine Mal, das sich zu einer ausgewachsenen Familiengeschichte entwickelte.

Wie ich es sehe, geht es in dieser Geschichte um die lebenslange Furcht meiner Mutter vor dem Meer und um den Starrsinn meines Vaters. Oder vielleicht auch um die absurden Ansprüche der britischen Mittelklasse, besonders die der männlichen Vertreter dieser Spezies, deren Würde um jeden Preis gewahrt werden muss. Vielleicht geht es aber auch um die lebenslange Sehnsucht eines Kindes, seine Mutter zu schützen. Unvermeidlich aber wird die Geschichte sich auch um die Entstehung eines Mythos und die Fehlbarkeit der Erinnerung drehen. Erinnerung, die im Schatten des Mythos lauert und darauf wartet, sich in der Finsternis zu verlieren.

Eigentlich hätte es ein problemloser Törn werden sollen …

Manchmal ist die rückblickende Stimme jedoch gut in der Erzählung verborgen wie in Rut Brandts *Freundesland*:

Die meisten Kinder in der Nachbarschaft hatten Angst vor ihrem Vater. Einmal in der Woche – am Zahltag – kam er betrunken nach Hause, schimpfte, kommandierte und verprügelte die Kinder. Gunnar, der Nachbarssohn, musste haufenweise Holz schlagen, während der Vater schwankend dabei stand und zusah. ... Nein, bei uns war kein Platz für einen Vater.

Manche Leute hatten ihren Spaß daran, uns zu erschrecken. »Wenn ihr nicht artig seid, heiratet eure Mutter wieder.« Es gab keine schlimmere Drohung für uns, und sie machte uns augenblicklich folgsam. Doch eines Tages erzählte uns Olaug, »Mütter heiraten nicht.« Überhaupt gab es viel, was »Mütter« nicht taten. Arme Mutter. Sie hatte uns als Klötze am Bein. Und sie heiratete nicht.

In diesem Abschnitt ist das nachdenkliche Element in eine Zusammenfassung eingefügt. Erzählt wird aus der Sicht eines Kindes, doch die Präsenz der Erzählerin, die aus dem Jetzt auf Ihre Kindheit zurückblickt, wird kenntlich gemacht durch die Äußerung »Arme Mutter. Sie hatte uns als Klötze am Bein.« Erst im Rückblick kann die Tochter es so sehen; erst im Rückblick lässt sich erklären, wieso eine Frau ohne Mann »arm« sein kann, wo doch Männer (sprich: Väter) solche Ungeheuer waren.

Wenn Sie Probleme damit haben, zur nachdenkenden Stimme überzuwechseln, schauen Sie sich diese Zeilen von Mary Gordon an:

Dennoch muss es einen Ort gegeben haben, irgendeinen Teil eines Raumes, einen Winkel des Korridors, wo das Licht auftraf, wo ein gelblicher Flecken, geteilt von streifigen Schatten, auf dem Holzboden zum Ruhen kam. Einen Moment des Tages, als die Fenster eine Weile offen standen und das Haus nicht dunkel gewesen ist. Aber ich kann mich nicht daran erinnern, dass es so etwas gegeben hätte.

Die Satzfragmente »muss es … gegeben haben« dienen als Einleitung zur Mutmaßung und erklären dem Leser gleichzeitig, dass hier über etwas nachgedacht wird, das nicht gesichert ist. Ähnlich funktionieren Sätze wie »Wieso hatte er/sie nicht dies oder jenes getan?«, »Dabei hätten wir leicht« oder »Ich habe mich immer gefragt, wieso damals …« und so weiter.

Achten Sie darauf, dass Ihr Bedürfnis, nachzudenken und Ihre Gedanken mitzuteilen die Stimme nicht zu ernst macht. Obwohl Sie sich in Ihrem Werk unbedingt ernst nehmen sollten, darf die Stimme niemals schwer sein; sie kann spielerisch klingen, ironisch, humorvoll oder einfach nachdenklich, aber niemals gewichtig. In *Alle Zeit der Welt* benutzt Frank Conroy zum Beispiel einen Tonfall, mit dem er sich beinahe über sich selbst lustig macht. Mit sanftem Humor betrachtet er in folgendem Auszug den Dreizehnjährigen, der er einst war:

Heutzutage passiert an einer Tankstelle nichts mehr. Ich bin begierig darauf, wieder abzufahren, dorthin zu kommen, wo ich ursprünglich hinwollte, und die Tankstelle ist, wie eine Pappkulisse oder ein Hollywoodfilmset, für mich nichts weiter als eine Fassade. Aber für einen dreizehnjährigen Jungen, der dort an die Wand gelehnt saß, war es ein fabelhafter Ort. Der köstliche Benzingeruch, die Autos, die kamen und wieder abfuhren, das Summen der nur halb verständlichen Stimmen im Hintergrund – all das hing wie eine Melodie in der Luft und erfüllte mich mit Wohlbehagen. In zehn Minuten war meine Seele gefüllt wie der Tank der Autos an den Zapfsäulen.

In einer Erinnerung spürt ein Mensch den Gedanken nach, er bemüht sich, ein gewisses Verständnis für einen Aspekt seines Lebens oder ein Problem zu entwickeln. Aber können Sie tatsächlich die Bedeutung Ihrer Geschichte begreifen, indem Sie sie niederschreiben, so wie manche Schriftsteller, die während des Schreibens den Plot ihrer Story entdecken? Wissen Sie mehr über Ihr Leben, nachdem Sie Ihre Erinnerungen aufgeschrieben haben, oder sollten Sie sich schon vor Beginn der Arbeit darüber klar werden? Für die meisten Menschen bringt die Arbeit an den Erinnerungen ein neues Verstehen und neue Erkenntnisse mit sich, aber es ist auch wahr, dass wir schon vorher viel über unser Leben nachdenken müssen.

Ein bewusstes und reflektiertes Leben ist eine Voraussetzung, um Erinnerungen mit tieferem Hintergrund zu schreiben. Conleys *Honky* erzählt die Geschichte eines armen, weißen Jungen, der zwischen afro- und iberoamerikanischen Kindern im Sozialwohnungsghetto von New York aufwächst. Obwohl die Story selbst interessant ist, wird sie erst durch die Erkenntnisse des Autors (er ist übrigens Soziologe) zu mehr als einer Aneinanderreihung von Geschichten. Seine Fähigkeit, eigene Erfahrungen in einem weiteren Zusammenhang zu sehen und sein ständiges Bemühen um Wahrheiten, die sich konventionellen oder allzu vereinfachenden Analysen widersetzen, machen dieses Buch wertvoll.

Wie lange dauert es, bis man zum Schreiben bereit ist? Wenn Sie Memoiren und Erinnerungen lesen, werden Sie feststellen, dass manche Menschen sehr lange warten – zwanzig, dreißig oder sogar vierzig Jahre –, bis sie damit beginnen, Erlebtes aufzuschreiben. In Tove Ditlevsens *Sucht* werden Ereignisse beschrieben, die gut vierzig Jahre zurückliegen und uns außergewöhnliche Einblicke in eine Kindheit gewähren – eine Kindheit, über die der Autor etliche Jahrzehnte nachdenken musste, bevor er sie aufschreiben konnte. Gretel Ehrlichs *Herz-Schlag* dagegen erzählt von Ereignissen, die noch nicht so lange her sind, so dass sich das Buch weniger auf die innere Verarbeitung traumatischer Ereignisse konzentriert, als auf die direkte und unmittelbare Reaktion. In beiden Fällen jedoch ist der gewählte Zeitrahmen für das jeweilige Buch gut gewählt.

Wenn Sie beginnen, Erinnerungen zu schreiben, sollten Sie versuchen herauszufinden, wo Ihre Stärken und Schwächen liegen. Schreiben Sie Seite um Seite Szenen oder verbringen Sie die meiste Zeit mit Nachdenken? Sicher werden Sie rasch spüren, welcher Aspekt der Erinnerung Ihnen am meisten liegt. Genießen Sie, was Sie am besten können, aber beschränken Sie sich nicht darauf: Ihr Werk wird kraftvoller und besser, wenn Sie sich auch um das bemühen, was Sie nicht gerne tun oder was Ihnen nicht so leicht fällt.

Vergessen Sie nicht, dass es Szene und Zusammenfassung sind, die eine Geschichte gestalten, während das nachdenkliche Element sie vielschichtig macht und zum Überlegen anregt. Alles sind notwendige Komponenten der Lebenserinnerung. Egal, wie viele kluge Erkenntnisse Sie auch schon über Ihr Leben erlangt haben, Sie müssen auch in der Lage sein, sie in eine fesselnde Geschichte zu verpacken. Andererseits kann eine fesselnde Geschichte allein nicht die in der Tiefe verborgene Botschaft Ihrer Erinnerungen transportieren.

Beginnen Sie damit, die drei Elemente einzeln zu betrachten; legen Sie fest, welche Teile Ihrer Geschichte Sie als Szene, welche als Zusammenfassung gestalten wollen, oder fügen Sie einem Erstentwurf ein oder zwei Seiten hinzu, auf denen Sie schriftlich über die Bedeutung nachdenken. Wenn Sie sich die Zusammenfassung als Weitwinkelaufnahme und die Szene als Nahaufnahme vorstellen, bedenken Sie, dass Sie hier nicht nur der Kameramann sind, sondern auch der Regisseur. Sie müssen mehrere Kameras aufstellen. Sie entscheiden, wann welche Aufnahme gemacht wird und aus welcher Perspektive gefilmt wird.

Mit wachsender Übung und Erfahrung werden Sie mit diesen Elementen gelassener umgehen. Bald können Sie darauf vertrauen, dass Sie alle drei in dem Maß verwenden, wie es angemessen ist. Doch selbst dann zahlt es sich aus, bei der Bearbeitung immer wieder genau auf die Gewichtung von Szene, Zusammenfassung und Nachdenken zu achten. Bei der Bearbeitung sind Sie leidenschaftsloser und weniger emotional engagiert, so dass Sie den Gesamteindruck Ihres Werks objektiver betrachten können.

Übungsvorschläge

1. Denken Sie an ein Ereignis in Ihrem Leben, als Sie jünger als zwölf Jahre alt waren. Beschreiben Sie das Ereignis in der ersten Person mit einfachen Worten, ohne darüber nachzudenken.

2. Lesen Sie diese Erzählung und denken Sie eine Weile darüber nach. Versuchen Sie herauszufinden, wovon diese Geschichte *wirklich* handelt – was hinter den offensichtlichen Tatsachen steckt. Denken Sie sich einen Eröffnungssatz aus, der das wirkliche Thema direkt anspricht, wie »Als ich zehn Jahre alt war, erfuhr ich etwas über Loyalität« oder »elterliche Inkonsequenz kann einen in den Wahnsinn treiben« oder auch »Ich war in der vierten Klasse, als ich dem Tod begegnete.« Nun schreiben Sie die Geschichte noch einmal mit der erwachsenen Stimme vom ersten Satz. (Sie entscheiden vielleicht später, den Satz wieder zu streichen.) Gestehen Sie sich zu, der zu sein, der Sie heute sind, und blicken Sie aus dieser Warte auf das Ereignis zurück.

3. Beschreiben Sie einen ganzen Sommer aus Ihrer Kindheit als Zusammenfassung.

4. Nun verfassen Sie zwei Szenen aus diesem Sommer.

5. Erinnern Sie sich an die gemeinsamen Mahlzeiten in Ihrer Familie (oder in einer anderen Gruppe, in der Sie über eine längere Zeit waren). Nutzen Sie dazu Szene, Zusammenfassung und das nachdenkliche Element.

6

Zeitsprünge

▶ Zum Schreiben von Erinnerungen gehört mehr, als mit dem Anfang zu beginnen und am Ende aufzuhören. Manchmal fängt man an einem bestimmten Punkt in der Zeit an und bewegt sich vorwärts, bis man einen anderen erreicht hat. Ein anderes Mal aber kann es für die Geschichte wichtig sein, dass Sie sich zwanzig Jahre zurückbewegen. Und was, wenn Sie aus der Geschichte heraustreten und aus der Gegenwart erzählen wollen? Was, wenn sich die Geschichte über viele verschiedene Zeitabschnitte hinzieht und Sie sie nicht chronologisch erzählen wollen? Der Leser muss Ihre Bewegungen in der Zeit nachvollziehen können, ohne sich ihrer wirklich bewusst zu sein; er muss stets wissen, wo und in welcher Zeit er sich befindet. Das auf elegante Art zu erreichen, ist eine der schwersten Aufgaben eines Autors von Erinnerungen.

Unser Ausgangspunkt ist immer das »Jetzt«. Der Leser muss das Gefühl haben, dass der Autor aus einer bestimmten Zeit zurückblickt, vom »Jetzt« berichtet oder einen Blick in die Zukunft wagt. Das »Jetzt« muss nicht auf den Tag datiert sein. Die Leser interessieren sich meist nicht für das genaue Datum, nicht einmal für das genaue Jahrzehnt. Sie interessieren sich jedoch sehr dafür, dass dieses »Jetzt« existiert und dass es der Ankerpunkt für die im Buch beschriebene Zeitspanne ist.

Oft spricht der Erzähler im Imperfekt (»Als ich elf wurde, zog ich zu meinem Vater.«) und geht von dort aus weiter zurück in der Zeit, wofür das Plusquamperfekt gebraucht wird (»Einige Jahre, bevor ich zu ihm zog, *hatte ich beschlossen*, dass ich nicht mehr mit ihm zu tun haben wollte.«). In diesem Fall implizieren beide Zeiten, dass es eine nicht näher bestimmte Gegenwart gibt, aus der der Sprecher erzählt. Und wenn diese Gegenwart erst einmal etabliert worden ist, kann sie nicht einfach verschoben werden.

Die Sache ist weniger flexibel, wenn im Präsens erzählt wird. (»Wenn ich zwölf werde, ziehe ich bei meinem Vater ein.«) Es ist seit einiger Zeit sowohl in der fiktionalen Literatur als auch in Erinnerungen Mode geworden, vergangene Ereignisse in der Gegenwart zu erzählen (wie es oft in der Poesie geschieht). Manche Schriftsteller behaupten, dass der Leser sich der Handlung näher fühlen würde, weil er sie unmittelbarer erlebt. Andere dagegen vermuten, dass das Präsens oft nur dazu dienen soll, eine »Illusion der Bedeutsamkeit« zu errichten. Auf jeden Fall ist es wichtig, sich bewusst zu machen, warum man mit einer Konvention bricht und was man gewinnen oder verlieren kann, oder ob man einfach nur eine Konvention durch eine neue mit weniger sichtbaren Nachteilen ersetzt. Für jemanden, der gerade erst zu schreiben beginnt, kann das Präsens mit Schwierigkeiten verbunden sein, die sich durch das Imperfekt vermeiden ließen.

Eine der Schwierigkeiten, die das Erzählen im Präsens mit sich bringt, ist die Einschränkung von Syntax und Satzstruktur. Das liegt zum Teil daran, dass Erzählungen im Präsens zwei verschiedene »Jetzt« erzeugen. Wir haben das »Jetzt« der Geschichte selbst (»Im folgenden Jahr ziehe ich bei meinem Vater ein.«) und das implizierte »Jetzt«, die Zeit, aus der der Erzähler berichtet. Grammatisch betrachtet existiert das zweite »Jetzt« nicht. Aber der Leser denkt es sich, da ihm natürlich klar ist, dass die Ereignisse nicht gerade jetzt stattfinden, da sie niedergeschrieben werden.

Wenn Sie sich mit den Zeiten nicht auskennen oder den Verlauf Ihrer Geschichte nicht sorgfältig kontrollieren, verirrt sich der Leser. Er wird anfangen, zurückzublättern und Anhaltspunkte zu suchen … und Ihr Werk über kurz oder lang verärgert zur Seite legen. Stellen Sie sich daher vorher die Fragen:

> Haben Sie die Zeitsprünge deutlich gemacht?
> Weiß der Leser immer einwandfrei, in welcher Periode er sich befindet?
> Ist der zeitliche Ablauf in jedem Abschnitt klar?

Meine Schüler lasse ich manchmal die Zeitspanne, die eine Erinnerung abdeckt, als Diagramm zeichnen, um den Vorgang anschaulicher zu machen. Wenn Sie beim Lesen von Erinnerungen genau hinsehen, können Sie bald erkennen, wie verschiedene Autoren durch Schlüsselsätze und Tempus den Wechsel von einem Zeitrahmen zum anderen anzeigen. Nachstehend finden Sie ein Beispiel für ein solches Diagram. Es stellt einige Abschnitte aus meiner Erinnerung »Poetry and Prejudice« dar, die sich über eine Vielzahl verschiedener zeitlicher Ebenen bewegt. Hier die Eröffnungsabsätze:

Wenn ich gewusst hätte, was er sagen würde, als er aufstand, dann hätte ich ihn davon abgehalten. Aber wie? Lesen Sie Ihr Gedicht bloß nicht vor, Brad – Sie haben keine Ahnung, welche Wirkung es auf mich hat? *Oder, wie ich jeden anderen Morgen üblicherweise sagte:* Bitte geben Sie mir Ihre Blätter, ich lese dann ein paar von den Arbeiten vor? *Das hatte zumindest in den ersten vier Stunden an den Tagen zuvor ganz hervorragend funktioniert. Die anderen Tage war ich in der Lage gewesen, die Texte zu überfliegen und mich in den meisten Fällen vor dem Blut und dem Gemetzel zu schützen. Ich hatte die Jagdgedichte mit ihren aufgeschlitzten Kehlen, entfernten Skalps, Hörnern, Ohren und Augen und herausgezerrten Eingeweiden gelesen. Die Gedichte, in denen die durchgeschnittenen Kehlen menschlich waren, hatte ich ausgelassen. Als Auswahlkriterium erscheint mir das heute fragwürdig, aber ich musste an diesen Morgen schnell reagieren, während ich durch den Stapel unappetitlicher Gedichte blätterte.*

Ich war Gastdozentin für Poesie an der Enterprise High School im Schatten von Oregons Wallowa-Berge nahe der Grenze zu Idaho. Die Klasse, vor der ich stand, bestand aus zwölf Abschlussschülern – und ich konnte sie nicht leiden. Anders als jede andere Klasse, mit der ich in der Woche zuvor gearbeitet hatte, widersetzten sie sich jedem meiner Versuche, sie für Poesie zu interessieren. Und da ich nur noch einen Tag Zeit hatte, begann ich zu glauben, dass hier nichts zu machen sein würde. Das frustrierte mich. Mir war es bisher immer gelungen, eine Verbindung zu meinen Schülern herzustellen.

Ein paar Stunden zuvor war ich, wie jeden Tag vor der Schule, die Strecke von meinem kleinen gemieteten Haus am Wallowa-Lake in Richtung Joseph gefahren, wo ich bereits einige Male Gastdozentin gewesen war. Ich liebte dieses Stück Land. Tatsächlich war es für mich zu einem dieser seltenen, besonderen Orte geworden, in deren Schönheit und Stille ich mich entspannen und an meinen eigenen Werken arbeiten konnte, sobald die Schule vorbei war ... einer jener Orte, deren Farben und Konturen sich mir für immer eingeprägt haben. Jedes Mal, wenn ich einen Aufenthalt hier beendet hatte, hatte ich versucht, Folgeeinladungen zu bekommen, was bisher auch immer funktioniert hatte.

Als ich auf das indianischen Gräberfeld zugefahren war, hatte ich mich umgewandt, um einen letzten Blick auf den schneebedeckten Chief Joseph Mountain zu werfen ...

Dieser Auszug, der in verschiedenen Zeitebenen erzählt wird, setzt ein »Jetzt« voraus, aus dessen Warte der Erzähler berichtet. Wir können dieses »Jetzt« auf einer Linie, die die Zeit repräsentiert, mit einem Kreuz markieren. Hier wird nicht festgelegt, welches Jahr oder welcher Monat dieses »Jetzt« ist; für den Leser ist nur sicher, dass das »Jetzt« auf der Linie irgendwann nach *der in der Geschichte beschriebenen Zeit* folgt.

Vergangenheit	**Jetzt** X	Zukunft

Wenn Sie erst einmal das »Jetzt« mit einem Kreuz markiert haben, können Sie nach früheren Zeitabschnitten in diesem Auszug suchen. *Jeden anderen Morgen* zu Beginn und *ein paar Stunden zuvor* am Anfang des dritten Absatzes verweisen beide darauf, dass wir hier von einem ganz besonderen Morgen reden. Markieren Sie ihn mit »jener Tag« auf der Linie.

Im ersten Absatz erfahren wir, dass irgendetwas »zumindest für die ersten vier Stunden« hervorragend funktioniert hatte, und im zweiten, dass es nur noch einen weiteren Tag gibt. Also können wir »jenen Tag« am Ende dieser Schulwoche vermuten.

Weiterhin wird uns im zweiten Absatz mitgeteilt, dass die Sprecherin schon die »Woche zuvor« an dieser Schule gearbeitet hat, wenn auch nicht mit derselben Klasse. Also ist »die Woche zuvor« ein anderer Teil der Vergangenheit, der auf unserer Zeitlinie eingetragen werden kann.

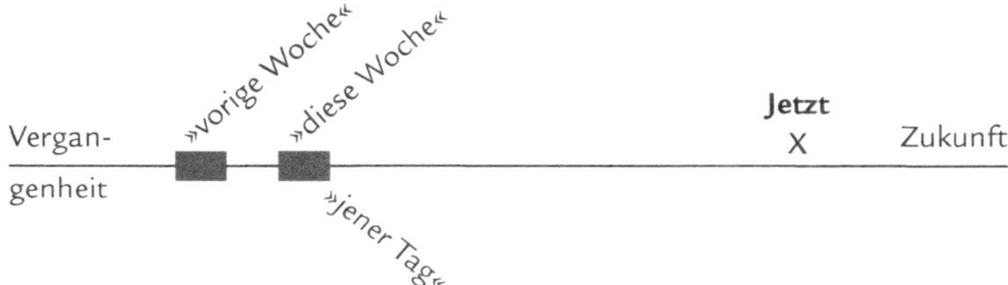

Und dann gibt es in diesem Auszug auch noch eine noch frühere Zeit; auf sie wird verwiesen, als von Joseph die Rede ist, »wo ich bereits einige Male Gastdozentin gewesen war«. Mit dem Plusquamperfekt springt die Sprecherin in der Vergangenheit noch weiter zurück, zu einer vorangegangenen und abgeschlossenen Zeitperiode, die wir auf unsere Linie als »vorangegangene Aufenthalte« bezeichnen wollen.

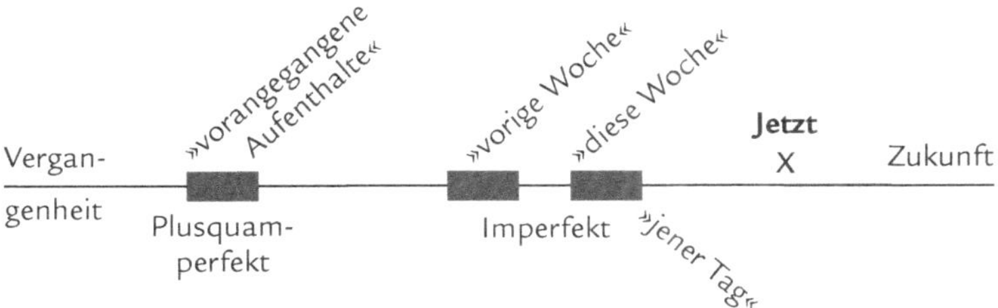

Der Text konzentriert sich noch ein paar Seiten auf »jenen Tag« und erzählt, was in dieser Klasse geschieht. Dann – auch visuell auf der Seite kenntlich gemacht – wird ein neuer Zeitrahmen eingeführt:

Ich war vor beinahe zwanzig Jahren von London nach Portland, Oregon gegangen. Obwohl Portland eine recht kosmopolitische Großstadt ist, wurden meine ersten Jahre im Westen von dem überwältigendem Gefühl des Kulturschocks begleitet. Ich brauchte lange Zeit, um mich nicht mehr so fremd zu fühlen, obwohl ich offenbar den Akzent und das Vokabular schneller angenommen hatte, als meiner Familie in England lieb war. …

Wer weiß, wie lange ich gebraucht hätte, um mich heimisch zu fühlen, wenn ich weiterhin getrampt und gewandert wäre, immer wieder in Cafés angehalten, die hausgemachten Kuchen gegessen und mit den Besitzern geredet hätte, von denen viele mich mit Misstrauen betrachteten. Es war das Programm »Kunst in der Erziehung«, das es mir möglich machte, in meinem gewählten Land zu leben, *statt wie ein Dauertourist nur auf der Durchreise zu sein.*

Ich begann mit einem sechswöchigen Aufenthalt oben am Columbia River in Hermiston, wo ich eine Menge über Kartoffeln, Bewässerung und die Vielfalt der Kirchen lernte, die in erstaunlicher Anzahl in dieser doch recht kleinen Gemeinde gedeihen konnten …

Auch in diesem Abschnitt ist die Erzählerin noch im selben »Jetzt« verwurzelt. Doch die Zeitrahmenleiste reicht nun noch ein ganzes Stück weiter zurück – beinahe zwanzig Jahre weiter, um es genau zu sagen. Dennoch können Sie sie problemlos in die Grafik einarbeiten, ohne dass dieser neue Zeitrahmen mit dem vorherigen in Konflikt gerät:

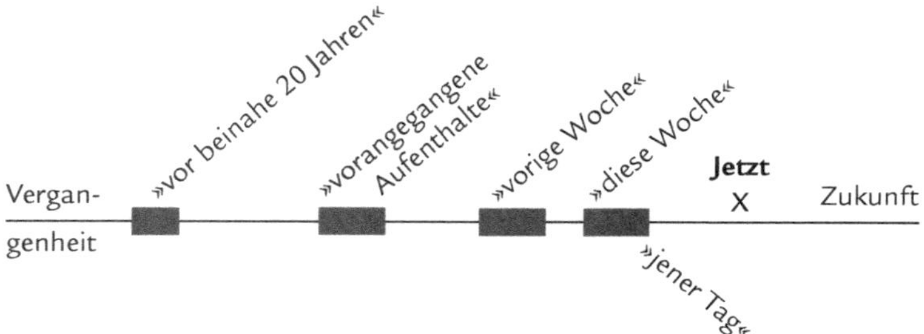

Wir erkennen ohne Schwierigkeiten, dass die Zeit, die mit »Ich begann mit einem sechswöchigen Aufenthalt« markiert wird, irgendwann nach »vor zwanzig Jahren« kommen muss, aber um ein ganzes Stück vor den zwei Wochen, um die es am Anfang des Textes geht.

Nach dieser Erklärung kehrt das Geschehen mit den Worten »Nachdem Brad an diesem Tag sein Gedicht vorgelesen hatte ...« in den Klassenraum zurück. Der Leser weiß inzwischen, welcher Tag »dieser Tag« ist, so dass er der Erzählerin problemlos folgen kann.

Die Geschichte setzt sich über »diesen/jenen Tag« fort, reicht bis in den folgenden Morgen und macht dann einen Sprung in der Zeit voraus. Der vorletzte Absatz beginnt mit den Worten: »Ein paar Tage nach meiner Rückkehr nach Portland in diesem Frühling, stellte ich einige Informationen zusammen ...« Da die Geschichte noch immer im Imperfekt erzählt wird, weiß der Leser, dass die Erzählerin auch noch immer von der Warte ihres »Jetzt« zurückblickt. Was in den letzten beiden Absätzen beschrieben wird, ist eine Zeitperiode, die irgendwann zwischen »jenem Tag« und »Jetzt« stattfindet.

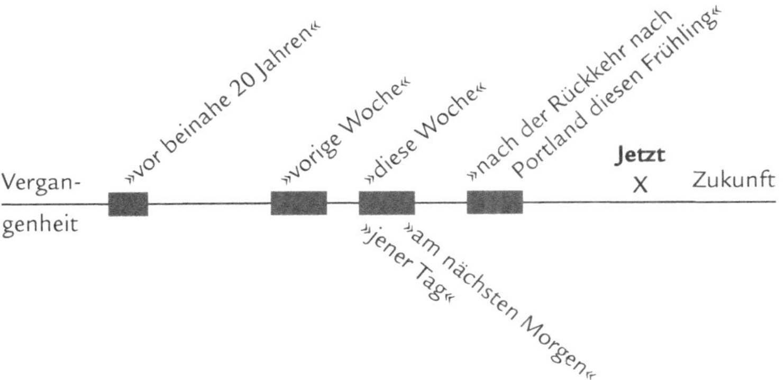

Ich rate Ihnen, diese Zeitsprünge zu üben, bis Sie sicher sind, dass Sie sie handhaben können, ohne sich oder den Leser auf der Strecke zu verlieren. Je mehr Übung Sie haben, desto leichter wird es Ihnen fallen, die außergewöhnlichen Möglichkeiten der Sprache zu nutzen, so dass Sie sich bald elegant und ohne zu zögern von der Zukunft in die Vergangenheit und über Zwischenschritte wieder ins Jetzt bewegen werden. Die grafische Darstellung kann Ihnen dabei helfen, die einzelnen Zeitebenen klar genug voneinander abzugrenzen und den zeitlichen Ablauf Ihrer Geschichte zu entwickeln. Sobald Sie sich diese Fähigkeit einmal angeeignet haben, brauchen Sie keine Grafiken mehr.

Lesen Sie Erinnerungen und Erlebnisberichte wie *Der Planet der Blinden* von Stephen Kuusisto und untersuchen Sie sie in Hinblick auf die verschiedenen Zeitebenen.

Übungsvorschläge

1. Suchen Sie sich zwei oder drei Kurzerinnerungen (von Kurzgeschichtenlänge im Gegensatz zu Romanlänge) und entwerfen Sie für jede eine Zeitleiste. Notieren Sie die Sätze oder Wendungen, die der Autor verwendet, um besondere Augenblicke, unbestimmte Zeitspannen, den Beginn neuer Perioden etc. zu signalisieren. (»Später am Tag«, »Als ich nach Philadelphia zog«, »Mein zweites Jahr an der Uni«, »Lange vor jenem Sommer« usw.). Kurzerinnerungen finden Sie sowohl im Internet (in diversen virtuellen Schreibgruppen) als auch in Sammelbänden und Anthologien. Außerdem werden in Literaturmagazinen regelmäßig Erinnerungen und Essays veröffentlicht.

2. Erzählen Sie die Geschichte von einem Urlaub – im Präsens.

3. Nun erzählen Sie diese Geschichte noch einmal im Imperfekt. Verändern Sie die Geschichte, falls sich Veränderungen anbieten. Entscheiden Sie, welche Zeit am besten geeignet ist.

4. Beschreiben Sie eine Arbeit oder eine Aufgabe, mit der Sie sich regelmäßig über eine bestimmte Zeitspanne hinweg beschäftigt haben – oder einen bestimmten Aspekt dieser Arbeit oder Aufgabe. Erzählen Sie dies in Vergangenheit. Beginnen Sie mit dem Moment, der der Gegenwart am nächsten ist und gehen Sie von dort aus rückwärts in der Zeit.

5. Stellen Sie sich vor, Sie erledigen eine Arbeit, die Ihren Kopf frei lässt und es Ihnen erlaubt, nachzudenken (waschen, bügeln, Unkraut zupfen etc.). Während Sie diese Arbeit machen, denken Sie an ein Ereignis aus Ihrer Kindheit. Ihre Beschreibung bewegt sich nun vom Hier und Jetzt (Arbeit) zu Ihrer Kindheit (Ereignis) und zurück. Schreiben Sie vier Versionen, jede höchstens zwei Seiten lang:

- Schreiben Sie alles der Vergangenheit.
- Schreiben Sie alles im Präsens.
- Schreiben Sie »Jetzt« im Präsenz (Sie beim Bügeln) und »Damals« (ein Kindheitsereignis) im Imperfekt.
- Schreiben Sie »Jetzt« im Imperfekt und »Damals« im Präsens.

Die vier Versionen sollten nicht alle gleich sein – versuchen Sie es erst gar nicht. Änderungen in der Zeit machen meistens auch Änderungen in der Erzählung notwendig.

6. Beginnen Sie mit »Wenn ich doch nur …« und lassen Sie sich davon überraschen, welche Geschichte aus Ihrem Leben Ihnen dazu einfällt. Und nun schreiben Sie die Geschichte so, wie sie gewesen wäre, »wenn ich doch nur …«.

7

Die Sinne gebrauchen

► Wenn Sie bereits Schreibkurse besucht oder das eine oder andere Buch zum kreativen Schreiben gelesen haben, ist Ihnen sicher die Maxime »zeigen, nicht erzählen« begegnet. Und natürlich ist das ein guter Rat; eine Geschichte ist viel fesselnder, wenn Sie zeigen, wie das linke Auge Ihres Vaters vor einem Wutanfall zu zucken beginnt oder wie die Faust Ihrer Mutter auf den Tisch hämmert, als sie in Tränen ausbricht, als wenn Sie dem Leser nur erklären, dass Ihr Vater cholerisch war und ihre Mutter mit Depressionen zu kämpfen hatte.

Manchmal schrecken angehende Schriftsteller vor einer allzu konkreten Beschreibung zurück, weil sie fürchten, ihre Geschichte könne dann nicht »universell« genug sein. Aber gerade die ungewöhnlichen, konkreten und gut beobachteten Einzelheiten sind es, die es dem Leser möglich machen, in eine persönliche Geschichte einzutauchen, während er auf Distanz bleibt, wenn der Text zu abstrakt ist.

Obwohl dieses Kapitel davon handelt, wie wichtig »Zeigen« ist, muss ich anmerken, dass eine Erinnerung auch viel »Erzählen« verlangt. Patricia Hampl sagt: »Erinnerungen sind die Kreuzungen von Erzählung und Reflektion, von Geschichten und Essays. Sie können die Geschichte darlegen und die Bedeutung der Geschichte untersuchen. Das erste Gebot der Fiktion – ›Zeigen, nicht erzählen‹ – gehört nicht zwingend zur Religion des Autoren, der sich erinnert. Dieser muss zeigen *und* erzählen.« Aber konzentrieren wir uns im Augenblick dennoch auf »Zeigen«.

Der Schlüssel zu Texten, die zeigen, statt erzählen, sind die Sinne. Allein das Wort »zeigen« verlangt, dass wir dem Leser etwas zu sehen geben. Aber auch die anderen Sinne sind wichtig; nur werden sie viel zu oft nicht genug beachtet, Gerüche und Klänge erzeugen häufig die stärksten Eindrücke, die im Leser noch lange nachwirken. Vivian Gornick beschreibt die Brooklyner Wohnung zum Beispiel nicht nur dadurch, dass die Frauen ihre Wäsche auf die über die Gassen gespannte Leinen aufhängen, sondern auch als einen Schauplatz, der überraschenderweise nach Grün riecht und schmeckt:

Doch ich habe die Gasse als einen Ort von klarem Licht und süßer Luft in Erinnerung, die irgendwie mit dem ständigen Duft sommerlichen Grüns durchzogen war.

Und eine Seite später:

Ich beugte mich mit einer Erwartung aus dem Küchenfenster, die ich noch heute auf der Zunge schmecken kann, und der Geschmack hat die Farbe eines hellen und strahlenden Grüns.

Genau wie Orte werden auch Figuren lebendig, wenn man das besondere, aussagestarke, beschreibende Detail findet, das den Unterschied zwischen einer Anziehpuppe und einem echten, lebendigen Menschen macht. Hier geht es nicht darum, den Leser mit einem Übermaß an Einzelheiten – vielleicht von der äußeren Erscheinung eines Charakters – zu überfallen, sondern darum, wenige Details auszuwählen, die das Wesen jener Figur beschreiben. Das kann eine sprachliche Eigenheit sein, eine kleine Marotte, die Art, wie das Haar ins Gesicht fällt, vielleicht der Duft oder der besondere Gang einer Person.

Beschreibungen dürfen sich nicht auf den Gebrauch von Adjektiven und Adverbien beschränken – im Gegenteil, Ihre Beschreibungen werden besser, wenn Sie auf diese Beiworte verzichten. Nur allzu oft besagen sie ohnehin nur das, was das Substantiv oder das Verb schon aussagt (»leuchtend rote Erdbeeren« oder »laut herausbrüllen«), und meistens macht das treffendere Substantiv oder Verb ein Beiwort vollkommen überflüssig: »Er hastete« statt »Er ging schnell«, »Der Nachmittag schwitzte aus allen Poren« statt »Der Nachmittag war glühend heiß«, »im Grauschleier der Dämmerung« statt »das diffuse Licht der Dämmerung« und so weiter.

~ Konkret und abstrakt ~

Konkrete Substantive sind die, die durch einen oder mehr der fünf Sinne erfahren werden können: Sehen, Hören, Riechen, Schmecken, Fühlen.

Mohnblumen, Flüstern, Schinken, Schokolade *und* Haut *sind konkrete Substantive. Sie können Ihren Text lebendig und aussagekräftig machen.*

Abstrakte Substantive können nur im Kopf erfahren werden. Es sind Ideen. Schönheit, böse, Wut, Verwirrung *und* Liebe *sind abstrakte Wörter. Sie sagen für sich allein wenig aus und machen Ihren Text stumpf und langweilig.*

Konkrete Wörter gehen meist Hand in Hand mit »zeigen«, während abstrakte sich gerne im »Erzählen« ansiedeln.

Wenn Sie sehen, dass Sie etwas Abstraktes wie Schönheit verwenden, fragen Sie sich, wie Sie dem Leser diese Schönheit zeigen können. Suchen Sie konkrete Beispiele. Denn: Wenn Sie Schönheit zeigen können, müssen Sie den Begriff nicht einmal verwenden.

Wenn Sie Ihren ganzen Text mit guten, präzisen beschreibenden Einzelheiten durchsetzen, kann sich der Leser selbst mit den Charakteren bekannt machen. Während er liest, begreift er sie, ohne dass man ihm alles, was wichtig ist, in einer Zusammenfassung servieren müsste. Am besten funktioniert das, wenn es sich wie im wahren Leben abspielt – wenn wir den Personen schrittweise nahe kommen dürfen, wenn wir Informationen über sie sammeln und sie wie Puzzleteile zu einem Ganzen zusammensetzen. Obwohl Sie es sind, der in Ihren Erinnerungen über Menschen, Orte und Ereignisse nachdenkt, müssen die Leser Ihre Figuren auch ohne ausdrückliche Vorstellung kennen lernen können. Sensorische Einzelheiten sind auch im wahren Leben der Schlüssel dazu. Eine der Besonderheiten von Maya Angelous berühmten Lebenserinnerungen *Ich weiß, dass der gefangene Vogel singt* sind die Beschreibungen; hier erzählt sie von den Einwohnern von Stamps, Arkansas, wo die Autorin aufgewachsen ist:

Mr. McElroy, der in dem großen, weitläufigem Haus neben dem Laden wohnte, war sehr groß und sehr breit, und obwohl die Jahre das Fleisch von seinen Schultern genagt hatten, waren der flache Bauch und die Hände und Füße, als ich ihn kannte, noch verschont geblieben.

Und:
Auf dem Weg in die Kirche sah ich Schwester Monroe, deren Frontgoldkrone aufblitzte, als sie einen nachbarlichen Gruß erwiderte.

Und:
Mrs. Bertha Flowers war die Aristokratin des Schwarzen Stamps. Sie besaß die Gabe der Selbstbeherrschung, nicht einmal in der größten Kälte zu frieren, und an den Sommertagen von Arkansas schien sie immer ihren privaten, kühlenden Luftzug um sich wehen zu haben. Sie war dünn, ohne ausgemergelt zu wirken, und ihr bedrucktes Voilekleid und die blumenbesetzten Hüte passten so gut zu ihr wie die Denim-Overalls zu den Farmern.

Wenn Peter Ustinov in *Ich und Ich* über mehrere Seiten seinen Vater beschreibt, verschmelzen kindliche Eindrücke, viel sagende Einzelheiten und die Erkenntnisse eines erwachsenen Mannes zu einem humorvollen, sehr lebendigen Portrait:

Mein Vater Klop war klein, knapp eins sechzig, und ehedem schlank gewesen. Frühe Fotos zeigen einen gepflegten Mann mit Pomade in sehr kurz geschnittenen Haaren, der häufig ein Monokel trug. ... Gewöhnlich schaute er eher diktatorisch oder zumindest beunruhigend skeptisch drein, um den Betrachter mit seinen alles sehenden oder unergründlichen Augen zu hypnotisieren. Kurz, er schien sich in der Rolle geheimnisvollen Mannes zu gefallen, der er eigentlich nicht war, zumindest nicht in dem Sinne, wie er es sich vorstellte.

Auch Orte und Schauplätze können sich dem Leser auf diese Art erschließen, wenn Sie die sensorischen Einzelheiten auswählen, die sie am besten charakterisieren, während Sie gleichzeitig verraten, was Sie über sie denken.

Dorothy Allison beschreibt in *Zwei oder drei Dinge, die ich sicher weiß* ihren Geburtsort unsentimental und detailliert – beachten Sie ihre kraftvolle Sprache:

Dort, wo ich geboren worden war – Greenville, South Carolina – roch es wie sonst nirgendwo auf der Welt. Feuchtes, gemähtes Gras, aufgeplatzte grüne Äpfel, Babykacke und Bierflaschen, billiges Make-up und Motoröl. Alles war reif, alles verrottete. Hunde rannten mir gegen die Beine. In der Ferne brüllten Leute; Grillen lärmten in meinen Ohren. Das Land war wunderschön, ich schwöre es, das schönste, in dem ich je gewesen bin. Wunderschön und schrecklich. Es ist das Land meiner Träume und das Land meiner Albträume; der Himmel rosa und blau, der Staub rot, weißer Lehm und all das endlose Grün – Weiden und Hartriegel und Fichten, so weit das Auge blickte.

Lucy Grealys *Mein Gesicht ist meine Seele* handelt von der Entstellung der Autorin durch eine Krebserkrankung und den vielen Operationen und Behandlungen, die sie als Kind und im Erwachsenenalter über sich ergehen lassen muss, um ihr Gesicht wieder herzustellen. Es wäre ein Leichtes gewesen, dem Leser einige der sensorischen Einzelheiten zu »ersparen«, aber es sind eben jene Details, die den Text so kraftvoll machen. Abstraktionen oder Distanz würden eine Geschichte wie Grealys auf einen Bericht reduzieren, von dem sich der Leser allzu rasch und leicht abwenden kann. Aber Grealy lässt das nicht zu; um ihre Chemotherapie zu beschreiben, dringt sie buchstäblich tief in den eigenen Körper ein:

Es war eine Anatomiestunde. Ich hatte nicht gewusst, dass es möglich war, die eigenen Organe zu fühlen, sie so zu fühlen, wie man die Zunge im Mund oder die Zähne fühlt. Mein Magen zeichnete sich ab; meine Ein-

geweide, meine Leber, Körperteile, deren Bezeichnungen ich nicht kannte, heizten sich auf, erzitterten in ihrer Wärme und erzeugten Reibung und Freiräume, indem sie sich an meinen Innereien, den Magenmuskeln, meinem Rücken, meinen Lungen scheuerten. Ich wollte zusammenbrechen, wollte zurück auf den Tisch fallen oder, besser noch, kopfüber auf den kalten Boden stürzen, aber ich konnte nicht. Die Injektion hatte gerade erst begonnen; dieser Behälter war noch halb voll, und es sollte noch ein zweiter folgen.

Jeder Autor, der seine Erinnerungen aufschreibt, muss darauf gefasst sein, erneut mit dem Schmerz – körperlich oder emotional – von damals konfrontiert zu werden … selbst wenn er glaubt, die Ereignisse seien inzwischen so lange her, dass sie keine Macht mehr über den Erzähler haben können. Aber das ist natürlich ein Irrtum. Louis Gates Jr. zum Beispiel erfuhr während der Arbeit an *Colored People*, dass das Schreiben nicht nur vergrabene Erinnerungen hervorholt, sondern auch eine Therapie erforderlich machen kann, mit der sich die Erinnerungen verarbeiten lassen. Häufig sind es die spezifischen, sensorischen Einzelheiten, die für Autor und Leser die Bedeutung – und manchmal auch den Schmerz – unter der beschreibenden Oberfläche öffnet.

In meinem Fall waren es beinahe ausschließlich die sensorischen Einzelheiten, die mir die tiefere Bedeutung meiner Lebenserinnerungen erschlossen. Oberflächlich betrachtet ging es um drei Jahre, die ich mit Anfang zwanzig in Spanien verbrachte, doch auf anderen Ebenen handelte das Buch vom Erwachsenwerden, von Trauer, Einsamkeit und sexueller Identität. Ich begann das Buch mit Geschichten über mein Leben als einziger Ausländer, der Mitte der Sechzigerjahre in einer kleinen katalonischen Stadt lebt – Geschichten, die natürlich oft einen lustigen oder skurrilen Charakter haben. Ich portraitierte Personen aus meinem Städtchen, beschrieb Fiestas und meine Arbeit als Fremdenführerin für das Schloss und das Weingut. Doch die Geschichte, die ich wirklich erzählen wollte, war eine ganz andere. Zu dieser Geschichte gehörte, dass meine Eltern sechs Monate zuvor bei einem

Schiffsunglück ertrunken waren; dass ich bisher kaum eine Träne hatte vergießen können und unfähig zu trauern war; und dass ich außerdem nach Spanien gegangen war, weil ich Angst hatte, mich zu allem Unglück auch noch in eine Frau zu verlieben.

Als endlich die unterschwelligen Themen hervortraten, waren es immer die sensorischen Einzelheiten, die den Weg dazu ebneten. In einem Kapitel über Wasser – die heftigen Regenbrüche, die Küsten überfluten – brachte ich mich dem Wasser immer näher, bis ich beschrieb, wie ich durchnässt im strömenden Regen saß. Völlig unerwartet führte diese Beschreibung körperlicher Empfindungen, die ich bei dieser Beschreibung hatte, zu den ungeweinten Tränen, die mich zu ertränken drohten, so wie unvorsichtig geparkte Wagen von der einsetzenden Flut fortgeschwemmt werden können.

In einem Kapitel über eine ältere Frau, die auf dem Weingut arbeitete, entdeckte ich durch meine Beschreibung ihrer Beine und ihrer Körpergröße, dass sie in mein Leben – und in diese Geschichte – getreten war, weil sie meiner Mutter äußerlich ähnelte. Und als ich versuchte, die rauen Laute des *Catalán* wiederzugeben, wie ich es auf dem Marktplatz hörte, erwachten Erinnerungen an vergangene Familienferien an spanischen Stränden zu neuem Leben.

Erinnerungen leben in sensorischen Einzelheiten, nicht in abstrakten Begriffen wie »schön« oder »wütend«. Fragen Sie sich bei solchen Ausdrücken immer, auf welche besondere Art etwas oder jemand schön oder wütend ist. Wenn es uns gelingt, den besonderen Geruch der Möbelpolitur im Haus der Tante wahrnehmbar zu machen, folgen andere Erinnerungen sehr oft wie von selbst.

Wenn Jill Kerr Conway sich an etwas erinnern will, beginnt sie damit zu beschreiben, wo die Stühle im Zimmer stehen. Toni Morrison nennt das »emotionale Erinnerung – nämlich das, was Nerven und Haut noch wissen und wie es erschien«. Russell Baker erinnert sich sehr genau an den Todestag seines Vaters. Obwohl er damals erst fünf Jahre alt war, konnte er diesen Tag lebhaft wiedergeben, weil sich dem Kind, das er war, viele Einzelheiten eingeprägt haben: »Ich höre die Leute noch immer reden. Ich weiß, wie die Luft roch. Ich sehe noch die Gesichter der Menschen vor mir. Ihre Kleidung. Sehe, was sie aßen.«

Sensorische Merkmale sind nicht nur der Schlüssel zu verschütteten Erinnerungen, sie können Ihnen auch helfen, eine erste Vorstellung von der Gestalt Ihres Textes zu bekommen. Es ist wichtig, einen solchen Zugang zu finden, obwohl er für jeden Autor ganz anders aussehen kann. Für manche kann dies der Rhythmus eines Satzes sein, für andere ein Gesprächsfetzen, und für viele ist es ein Geruch, ein Klang, ein Bild. Für Ian Frazier, als er beginnen wollte, waren es Gegenstände: Die richtigen Objekte legten die Form der Erzählung nahe. Für mich ist es manchmal ein sensorisches Bild wie damals, als ich die Erinnerung mit dem Titel »Fish« schrieb. Eigentlich handelte die Erzählung von den unterschwelligen Konflikten zwischen Männern und Frauen in meiner Familie und von meiner eigenen Unsicherheit, mit welcher Seite ich mich identifizieren sollte, aber der Text beginnt mit einer Szene, in der ich mit einem Messer in der Hand an der Spüle meiner Küche in Spanien stehe und ein paar Fische ausnehmen will. Der Geruch dieser frischen Fische, direkt vom Boot, und der Anblick ihrer glasigen Augen weckten meine Erinnerungen und führten zu der Erzählung, die daraus entstand.

Wenn es Ihnen schwer fällt, einen Anfang für Ihre Geschichte zu finden, ist es immer hilfreich, sehr nah heran zu gehen und die eigenen Sinne zu gebrauchen. Vielleicht haben Sie bereits eine Vorstellung davon im Kopf, und gerade die könnte Sie daran hindern, Ihre Geschichte zu beginnen. Beschreiben Sie Einzelheiten und setzen Sie dafür Augen, Ohren und Nase ein und stellen Sie sich vor, Sie würden noch einmal mit der Hand über ein Möbel Ihrer Kindheit, über das Kleid Ihrer Mutter streichen – all diese Erinnerungen lösen Gefühle aus und lassen andere Erinnerungen aufkeimen. Tun Sie dies nicht nur einmal, sondern wieder und wieder, denn dadurch bringen Sie sich und den Leser tiefer in die Geschichte hinein, machen sich und ihn dort heimisch und ziehen das eigentliche Thema Ihrer Erfahrung ans Licht.

Übungsvorschläge

1. Denken Sie an ein Haus, in dem Sie lange genug gewohnt haben, um es gut zu kennen. Zeichnen Sie einen Plan von einer Etage, in dem Zimmer, Türen, Fenster, Möbel etc. zu sehen sind. Bitten Sie jemanden, sich ein Zimmer auszusuchen und mit einem Kreuz zu markieren (oder tun Sie es mit geschlossenen Augen selbst). Nun schreiben Sie über diesen Raum und gebrauchen Sie dabei alle fünf Sinne.

2. Jetzt wählen Sie einen anderen Ort – innen oder außen – und beschreiben ihn, indem Sie sich auf nur einen Sinn konzentrieren, der *nicht* der Sehsinn ist.

3. Verfassen Sie ein zweiseitiges Portrait einer Person, die Sie gut kennen oder kannten. Setzen Sie alle fünf Sinne ein. Wie hört sich diese Person an? (Beschreiben Sie nicht nur wie sie spricht, sondern auch andere Laute.) Welcher Geruch umgibt sie? Wie fühlt sie sich an – ihre Haut, die Haare, der Stoff ihrer Kleider?

4. Versuchen Sie in einem weiteren zweiseitigen Portrait durch sensorische Einzelheiten auszudrücken, was Sie der Person gegenüber empfinden oder empfanden. Versuchen Sie, nur zu *zeigen*.

5. Wählen Sie einen Tag oder den Teil eines Tages aus und ordnen Sie ihm eine Farbe zu. Beschreiben Sie diese Zeit und machen Sie dem Leser verständlich, welche Bedeutung die Farbe hat, warum Sie denken, dass dies ein »gelber Tag« oder ein »dunkelblauer Nachmittag« ist.

8

Beim Namen nennen

▶ Namen von Leuten, Orten, Geschäften, Flüssen und so weiter – konkrete Einzelheiten – können eine große Rolle dabei spielen, wenn es darum geht, Ihre Erinnerungen glaubhaft und interessant zu machen. In manchen Fällen implizieren Namen mehr Geschichte und Bildhaftigkeit, als ein Schriftsteller zu beschreiben in der Lage wäre.

In James Hamilton-Patersons *The Great Deep* gibt es ein Kapitel mit dem Titel »Nichts ist langweiliger als eine Landschaft ohne Namen«, in dem es unter anderem um die Bezeichnungen von Gebieten und Gegenden auf dem Meeresbodens geht; es gibt zum Beispiel nördlich von Hawaii eine Region, deren Unterwassergipfel nach europäischen Musikern benannt wurde – Mount Strauss, Mount Mendelssohn, Bach- und Beethovenrücken und einen Berg der höher als der Mount Fuji ist und nach Mozart benannt wurde. Der Leser kann diesen Namen entnehmen, dass sie nicht von den Menschen, die in dieser Gegend leben, ausgewählt wurden, sondern von westlichen Ozeanografen, die sie »entdeckt« haben.

Manchmal können bestimmte Ortsnamen im Zusammenhang der Geschichte einer Person eine ganz eigene Symbolkraft annehmen. Jamaica Kincaid, die auf Antigua aufgewachsen ist, beschreibt in *On Seeing England for the First Time* ihren ersten Besuch in England in einer Erzählung, die verbunden ist mit Erinnerungen an die Minderwertigkeitsgefühle, die das Leben eines schwarzen Kindes in einer britischen Kolonie bestimmen. Die weißen Klippen von Dover sind eine berühmte Landmarke, ja eine Sehenswürdigkeit, die in vielen englischen Liedern und Geschichten auftauchen, doch als diese Klippen am Ende von Kincaids Geschichte auftauchen, werden sie zu einem Symbol für alles, was geschätzt und gepriesen wird, nur weil es weiß ist:

Und der Moment, in dem ich wünschte, dass alles, was ich kannte und das mit England begann, mit dem Satz, »und dann starben sie aus, wir wissen nicht wieso, sie starben einfach aus« enden würde, war gekommen, als ich die weißen Klippen von Dover sah. Ich hatte Hymnen gesungen und Gedichte aufgesagt, in denen es um die Sehnsucht ging, doch nur noch einmal die Klippen von Dover zu sehen, und jedes Mal wenn ich gesungen oder rezitiert hatte, hatte ich mich wirklich danach sehnen können, da zu dieser Zeit weder ich noch irgendjemand anderes in meiner Umgebung diese Klippen je gesehen hatte. Wir hatten dagestanden und gesungen und uns nach etwas gesehnt, das wir nicht kannten. Und dort waren sie nun, die weißen Klippen, aber es war nicht diese schimmernde majestätische Pracht, von der ich immer gesungen hatte, diese Pracht, die solch erhabene Gefühle in den Menschen weckte, dass sie sich, wenn sie dort starben, wo ich aufgewachsen war, so begraben ließen, dass sie die weißen Klippen von Dover sehen könnten, wenn sie wieder auferstanden, was selbstverständlich geschehen würde. Die weißen Klippen von Dover waren, als ich sie endlich sah, zwar Klippen, aber sie waren nicht weiß. Man konnte sie nur so nennen, wenn das Wort »weiß« eine bestimmte Bedeutung für einen hatte. Sie waren schmutzig, und sie waren steil. Sie waren steil und hoch genug, dass all meine Ansichten über England – angefangen mit der Karte in meinem Klassenraum bis hin zu dem Ausflug, den ich gerade unternahm – herabstürzen, sterben und für immer verschwinden sollten.

Ortsnamen können auch sehr musikalische Qualitäten haben. Die indianischen Bezeichnungen von Orten und Schauplätzen in der Gegend, wo ich lebe – Multnomah, Clackamas, Snohomish, Wallowa etc. –, klingen ganz anders als Namen wie Portland oder Salem, die die Siedler eingeführt haben. In Namen wie The Dalles, Willamette und Grande Ronde oder El Paso und Rio Grande zeigen sich ethnische Ursprünge, während Namen wie die allgegenwärtige Hauptstraße oder der Neumarkt sich bestenfalls auf städtebauliche Historie beziehen und nicht viel mehr verraten, als dass eine Gemeinde eine Straße für die Allgemeinheit gebaut hat.

Namen von Städten, Straßen, Gebäuden, Flüssen sind nicht nur Zeugen der Geschichte und vermitteln bildhafte Elemente, sondern geben dem Leser auch das Gefühl, dass der Autor weiß, wovon er spricht. Wenn Sie eine Geschichte erzählen wollen, soll der Leser Ihnen vertrauen. Namen zu nennen ist eine Art, dieses Vertrauen zu gewinnen und Ihrer Stimme Autorität zu verleihen. Hier ein Auszug aus Ruth Brandts *Freundesland*:

Der Plan war, dass wir von Koppang den kürzest möglichen Weg nach Osten nehmen sollten, südlich der Fæmundseen vorbei und nach Schweden hinein über eine Rinne im Höhenrücken zwischen dalarne und Hærjedalen. In der Luftlinie ist die Strecke von Koppang zur Grenze gut fünfzig Kilometer. Die Route, die wir gehen sollten, um den deutschen Streifen zu vermeiden, machte sie vielleicht fünfundzwanzig Kilometer länger. Aber wenn wir Glück hatten und uns an die Beschreibung erinnerten, konnten wir in weniger als zwei Tagen über die Grenze in Schweden sein.

Dieser Abschnitt aus dem ersten Kapitel lässt keinen Zweifel daran, dass die Erzählerin weiß, wovon sie spricht: Sie kennt die Ortsnamen, weiß genau, wie die Gegend aussieht und ist über Distanzen informiert – keine Frage, dass diese Frau tatsächlich versucht hat, mit ihrer Schwester über die Berge Norwegens heimlich nach Schweden zu gelangen. Durch diese und die vorherigen Ortsbeschreibungen schenkt der Leser der Autorin rasch sein Vertrauen und lässt sich bereitwillig auf die Geschichte ein. So fällt es ihm leicht, sich mit den beiden jungen Frauen zu fürchten und zu freuen, als sie einen Gasthof erreichten:

Ja doch, wir könnten gerne eine Mahlzeit kaufen. Und ein Zimmer für eine Nacht sei ebenfalls zu haben. Wir müssten nur einige Formulare ausfüllen. Wir wurden erst rot, dann bleich, denn gerade das hätte nicht geschehen dürfen. Trotzdem füllten wir die Papiere mithilfe unseres Personalausweises aus, so gut wir es vermochten. »Aber liebe Kinder«, sagte der Bauer, »habt ihr nichts Anderes als das hier?« Aber wir waren doch auf Urlaub. So viel Unschuld auf einmal! Er riss die Papiere entzwei, setzte uns ein gutes Essen vor und sagte, dass wir die Nacht über in der Scheune schlafen könnten.

Evelyn C. White schreibt eine »Ode to Aretha« und wir erfahren gleich, um wen es sich handelt:

Als ich das letzte Mal mit Aretha Franklin sprach, wechselten wir ein paar Worte über Coretta Scott King. Das war im Herbst 1981, nachdem Aretha ein mitreißendes Konzert in der Radio City Music Hall in New York gegeben hatte. Weil ich den Sicherheitsleuten erzählt hatte, dass ich Martin Luther Kings Tochter sei, war ich hinter die Bühne gelangt, wo ich die Queen of Soul in einem matt schwarzen Smoking und rosafarbenen Plüschschuhen antraf.

Obwohl die Autorin zugibt, dass sie sich den Zugang zu Aretha Franklins Backstage-Party erschwindelt hat, kann sie den Leser davon überzeugen, dass sie die Wahrheit sagt, und sie schafft das zum Teil durch den Einsatz bekannter und berühmter Namen: Aretha Franklin, Coretta Scott King, Radio City Music Hall usw. Darüber hinaus nennt sie den Zeitpunkt, und findet auch noch Platz für ein einprägsames Bild – Aretha in Smoking und Plüschpantöffelchen. Wer wird hier noch Zweifel haben, dass die Autorin weiß, wovon sie spricht?

Ein Name – ein echter oder erfundener – ist das, was den Text aus Generalisierung und Anonymität heraushebt. Patricia Hampl stellt uns die Nachbarn aus ihrer Kindheit in *Virgin Time* so vor:

Über die Bertrams, unsere direkten Nachbarn im Westen, lässt sich nur sagen, dass Mrs. Bertram Sonntagmorgens stets in einem engen Kostüm mit pflaumenblauer Jacke und einem Hut in derselben Farbe mit dem Taxi irgendwohin fuhr. Mr. Bertram ging nirgendwohin – weder am Sonntag noch an einem anderen Tag. Während meiner ganzen Kindheit hieß es immer nur, dass er drinnen war und ruhte.

Etwas später zeigt sich, dass sich über die Nachbarn noch eine ganze Menge mehr sagen lässt, aber selbst, wenn dies alles wäre, was Hampl uns verrät, erscheinen uns die Figuren wegen ihrer

Namen lebendiger, als wenn sie lediglich als »Nachbarn« bezeichnet worden wären. Die detaillierteste Beschreibung wäre nicht annähernd so wirkungsvoll, wenn die Autorin die Personen nicht beim Namen nennen würde. Als die »Bertrams« sind sie richtige Nachbarn – echte, lebende Menschen in einer Geschichte.

Dem Leser kann es egal sein, ob »Bertram« ihr wahrer Name ist oder nicht. Den Bertrams aber vielleicht nicht. Das nächste Kapitel handelt von der Schwierigkeit, über wirkliche Menschen zu schreiben, und die rechtlichen Fragen werden im Anhang dieses Buches behandelt. Im Moment jedoch, während Sie an Ihren Erinnerungen arbeiten, sollten Sie sich darum nicht weiter kümmern und – Namen nennen.

1. Denken Sie an einen Ort aus Ihrer Kindheit. Mit welchen Namen und Bezeichnungen können Sie diesen Ort in Verbindung bringen? Machen Sie eine Liste von Straßennamen, Regionen, bestimmte Plätzen, Parks, geografischen Merkmalen, Flüssen, Bächen, Kanälen, Mooren, Wälder. Denken Sie auch an Gebäude, Geschäfte und anderes, zu dem Ihnen ein Name einfällt. Anschließend schreiben Sie eine Erinnerung, in die Sie einige dieser Namen einflechten.

2. Stellen Sie sich in einem bestimmten Alter zwischen acht und fünfzehn Jahren vor. Welche zehn Menschen haben damals für Sie eine Rolle gespielt haben – *außer* Ihren Eltern, Großeltern und Geschwistern. Konzentrieren Sie sich auf Freunde, Gleichaltrige, Lehrer, Trainer, Erwachsene, die Sie aus bestimmten Lebensbereichen kannten. Schreiben Sie die Namen so auf, wie Sie diese Menschen damals bezeichnet haben: »Mr. Querberitz« (Englischlehrer), »Tante Ollie« (Nachbarin), »Saschas Mutter« etc. Nun lesen Sie diese Liste jemandem vor und bitten Sie ihn, einen Namen auszusuchen. (Wenn gerade niemand da ist, schließen Sie die Augen und tippen Sie auf einen.) Notieren Sie alles, was Ihnen zu dieser Person einfällt. Anschließend verfassen Sie ein anhand dieser Notizen ein zweiseitiges Portrait dieser Person.

3. Verfassen Sie Kurzportraits anderer Leute, die auf dieser Liste auftauchen.

4. Denken Sie an einen Straßennamen in dem Ort, in dem Sie einmal gelebt haben. Beschreiben Sie die Straße ausführlich und genau. Beziehen Sie Geschäfte, Häuser und jeden, den Sie dort kannten, mit ein. Denken Sie auch an Ereignisse und Vorfälle, die Sie mit dieser Straße verbinden.

5. Denken Sie an eine Person, die Sie einmal gut gekannt, aber seit Jahren nicht mehr gesehen haben. Schreiben Sie über diese Person und beginnen Sie mit: »Als ich das letzte Mal mit XY gesprochen habe …«.

6. Denken Sie an einen Ort, eine Landschaft, eine landschaftliche Besonderheit, deren Namen Sie mögen. Schreiben Sie darüber, indem Sie sich auf den Klang und das, was Sie damit assoziieren, konzentrieren.

9

Wie schreibt man über wirkliche Menschen?

▶ Manche Autoren, die mit inneren und äußeren Protesten gegen ihre Bemühungen, die Wahrheit zu veröffentlichen, zu kämpfen haben, reagieren mit Trotz: Wir haben ein Recht auf die Wahrheit, wie wir sie sehen, heißt es dann, und das ist zweifellos auch richtig. Doch gerade Schriftsteller, die sehr viel über das Recht der freien Meinungsäußerung zu sagen wissen, machen sich manchmal zu wenig Gedanken über die Pflichten, die mit dieser Freiheit einhergehen. In diesem Kapitel geht es um die ethischen Fragen, die das Schreiben über lebende Menschen aufwirft; legale Aspekte werden im Anhang besprochen.

Wir alle haben eine Verantwortung den Menschen gegenüber, deren Leben mit dem unseren zusammenhängt. Nehmen wir an, Sie wollen über eine gescheiterte Beziehung schreiben. Vielleicht müssen Sie dafür etwas über Ihren schwulen Bruder, der sich noch nicht geoutet hat, schreiben, über die erste Periode Ihrer heranwachsenden Tochter, über den Nervenzusammenbruch einer engen Freundin. Jeder von uns muss die Gründe, weshalb wir eine Geschichte schreiben wollen, sehr genau gegen den möglichen Schaden, den man damit einem anderen Menschen antun könnte, abwägen. Manchmal ist das kein Problem: Sie sind sicher, dass Ihre Geschichte vielen Lesern Einsicht und Erkenntnis bringen wird, und der, der darin erwähnt wird, vielleicht nur ein wenig verärgert sein könnte, aber keine Nachteile zu befürchten hat. Viel öfter fällt es jedoch schwer zu entscheiden, was wichtiger ist: Ihr Bedürfnis, diese Geschichte zu schreiben oder die Unversehrtheit einer realen Person – ob also die Bedeutung Ihrer Geschichte für viele Leser wichtiger ist, als die Furcht eines Einzelnen vor öffentlicher Bloßstellung und Demütigung.

Um nicht in einer Entweder/Oder-Situation stecken zu bleiben, rufe ich mir immer in Erinnerung, dass es eine Lösung geben kann, die die Bedürfnisse beider Seiten berücksichtigt; es muss nicht immer eine Wahl zwischen erzählen oder nicht erzählen sein. Ich kann beispielsweise entscheiden, was in die Geschichte aufgenommen werden muss und was entbehrlich ist, wenn ich jemanden, der in meiner Geschichte vorkommt, schützen möchte. Ich kann meinen Text der betreffenden Person zeigen und fragen, was sie von einer Veröffentlichung hält. Ich kann Namen oder charakteristische Merkmale verändern.

Ich kann natürlich auch entscheiden, mir überhaupt keine Sorgen über all das zu machen, bis ich die Geschichte fertig habe und über eine Veröffentlichung nachzudenken beginne.

Wenn Sie vor solch schwierigen Entscheidungen stehen, ist es gut, sich zu fragen, welche Wahl lebensbejahender ist. Lügen zu decken beispielsweise oder ein System der Verleugnung zu unterstützen, das Missbrauch oder Misshandlung möglich macht – sei es in der Familie oder an einem Arbeitsplatz –, ist alles andere als das. Es ist zerstörerisch, auch wenn bestimmte Personen, die an diesem Lügengebilde mitwirken, Sie vielleicht überzeugen können, dass hier *ihre* Existenzen gefährdet sind. Doch über etwas zu schreiben, dessen Enthüllung jemandem schaden kann, weil er emotional labil ist oder nach Veröffentlichung zwangsläufig der Vergeltung der »Gegenseite« ausgesetzt sein wird, kann unverantwortlich sein. In einem solchen Fall bin ich mir sicher, dass das Leben jener Menschen wichtiger ist als die Wahrheit, wie ich sie vielleicht zu sagen hätte.

Während wir oft dazu neigen, die Macht unsere Worte, andere Menschen in Schwierigkeiten zu bringen, zu überschätzen, gibt es durchaus Situationen, die unsere Sorge rechtfertigen. Eine Freundin von mir beispielsweise schrieb über ihre Arbeit als Lehrerin in China zu einer Zeit, als dies Probleme nahezu herausforderte. Es reichte nicht, dass sie Namen und Orte veränderte, wenn sie über ihre freundschaftlichen Beziehungen schreiben wollte, denn damals sah man es in jenem Land gar nicht gerne, wenn chinesische Staatsbürger Leuten aus dem Westen näher kamen. Hätte meine Freundin ihre Bekanntschaften so beschrieben, dass man sie hätte identifizieren können, hätten die Betroffenen Wohnung, Job oder das Ausreiserecht verlieren, in besonderen Fällen hätte sogar Gefängnis drohen können.

Ähnliche Probleme provoziert, wer wahre Geschichten über illegale Einwanderer, schwule Lehrer oder Ärzte, die Sterbehilfe leisten, veröffentlicht, ohne die Personen in der Beschreibung unkenntlich zu machen. Abschiebung, Entlassung, soziale Ausgrenzung oder sogar ein finanzieller Ruin können die Folge sein. Viele Menschen haben weder Ahnung von Einwanderungsgesetzen oder von den noch immer verbreiteten Homosexuellenvorurteilen. Aber als Schriftsteller *müssen* Sie sich bewusst machen, was Enthüllungen bewirken können, und die Verantwortung für die Konsequenzen, die sich daraus ergeben, tragen.

Wenn wir über Menschen schreiben, die uns verletzt haben, ist es uns meist nicht nur egal, wie sich die Aufdeckung der Wahrheit auf ihr Leben auswirkt – wir genießen womöglich den Gedanken, was für Konsequenzen es für Familienmitglieder, Priester, Ärzte, Lehrer, frühere Freunde haben könnte. Aber wir sollten uns vor der Rache als Motiv für das Schreiben hüten. Texte, die Vergeltung als Ziel haben, scheitern meist, weil der Leser das Motiv durchschaut und die Glaubwürdigkeit des Autors darunter leidet.

Selbst wenn Zorn Sie ursprünglich zum Schreiben drängt, wird aus Ihrer Erinnerung nur dann eine packende, wirkungsvolle Geschichte, wenn Sie sich ganz ihrem Inhalt und ihrer Bedeutung verschreiben und die Absicht, den Leser auf Ihre Seite zu ziehen oder einem anderen Menschen wehzutun, gänzlich zurückdrängen. In dieser Situation ist es besonders schwer, Verantwortung für die Personen in Ihrer Geschichte zu empfinden und gegen Ihr Bedürfnis zu schreiben. Leichter ist es, darüber nachzudenken, wenn eine Veröffentlichung spruchreif wird, denn zu diesem Zeitpunkt sind Sie wahrscheinlich eher in der Lage, eine sachliche Entscheidung zu treffen.

Autoren, die Erinnerungen schreiben, stellen sich ihrer Verantwortung ganz unterschiedlich. Jill Kerr Conray beispielsweise sagt, sie hätte ihren Erinnerungsband niemals zu Lebzeiten ihrer Mutter veröffentlichen können: »Sie hätte mich erschlagen.« Und

Annie Dillard ließ bewusst alles aus, was ihre Familie hätte verärgern können. »Jeder, über den ich schreibe, ist gesund und munter, im Vollbesitz seiner Kräfte und potenziell gewillt, vor Gericht zu gehen«, sagt sie. »Es war einfacher, als ich über Bisamratten schrieb.« Russell Baker dagegen sagte zu seiner Frau einfach: »Lies es durch, und wenn irgendwas drin ist, dass dir nicht passt, streich es.«

Als Teresa Jordan die Geschichte ihrer Familie auf einer Ranch im Westen zu schreiben begann, wusste sie zunächst nicht, wie sie es anstellen sollte. »Ich fand es ungeheuer schwer, über meine Familie zu schreiben«, erklärte sie mir, als wir darüber sprachen:

Rancher leben sehr zurückgezogen: Man beschwert sich nicht und man verrät niemandem seine Geheimnisse. Ich schickte das Werk meinem Vater und meinem Bruder; ich hätte es nicht veröffentlicht, wenn sie Probleme damit gehabt hätten. Tatsächlich aber ebnete es den Weg zu einem Gespräch mit meinem Vater. Er wirkte erleichtert, als ob er sich verstanden fühlte.

Obwohl ich damals auf eine Veröffentlichung verzichtet hätte, falls er meine Erinnerungen für zu privat gehalten hätte – ich bin mir heute nicht mehr sicher, dass ich mich davon beeinflussen lassen würde. Es ist meine Geschichte, um die es hier geht. Natürlich kommen andere Menschen darin vor. Aber ich habe festgestellt, dass viele die Wahrheit, die mit ihnen zu tun hat, annehmen, wenn man die wahre Tiefe der Geschichte begriffen hat. Wenn eine Geschichte zu persönlich erscheint, dann liegt das oft daran, dass der Autor sie für sich selbst noch nicht ausreichend ergründet hat und vom Leser daher zu viel verlangt – Verständnis vielleicht oder Mitleid. Vielleicht versucht der Schriftsteller, mit jemandem aus der Geschichte öffentlich abzurechnen. Man kann durchaus über Menschen schreiben, die einen verletzt haben – man darf nur nicht versuchen, den Leser zu manipulieren.

Schriftsteller sind Nutzer. Wir nutzen und verwenden die Geschichten um uns herum. Und daraus ergibt sich meiner Meinung nach eine große Verantwortung. Normalerweise versuche ich, mit den Leuten offen umzugehen. Bei meinen Erinnerungen war es mir wichtig, sie meiner Familie zu zeigen, aber ich kann mir durchaus Situationen vorstellen, wo man das nicht tut.

Ob wir unsere Familie mit einbeziehen sollen oder nicht, ist oft eine schwierige und schmerzliche Frage. Sallie Bingham erzählt in ihrem Erinnerungsband *Passion and Prejudice* offen und freimütig über ihre reiche, mächtige Familie, über den Sexismus ihrer männlichen Verwandten und die Art, wie sie aus dem familiären Zeitungsimperium gedrängt wurde. Keiner, der das liest, wird Zweifel daran haben, wie schwierig es war, sich dem Druck einer solchen Macht entgegenzustemmen und die Geschichte gegen alle Widerstände zu veröffentlichen. Bingham beschreibt, wie ihre Mutter auf die Aufdeckung eines alten Familiengeheimnisses reagierte:

Ich musste inzwischen mit den Tränen kämpfen, und sie machte Anstalten, aus dem Wagen zu steigen. Ich fragte sie, wieso der Skandal, der mit Mary Lilys Tod vor über siebzig Jahren zusammenhing, wichtiger war als ihre Beziehung zu mir.

Sie erwiderte, dass es sich hier um eine Frage der Ehre handelte, und stieg aus. Sie würden mich bis nach der Veröffentlichung des Buches nicht mehr besuchen, fügte sie hinzu.

Es tat so weh, dass ich mich fast nicht mehr spüren konnte. Und mit dem Schmerz kam die Hilflosigkeit und das Entsetzen, das jedes Kind kennt, das sich je nach Nahrung oder Liebe gesehnt hat.

Obwohl der Schmerz so überwältigend war, kam Bingham jedoch darüber hinweg. Sie begann, die Ängste ihrer Familie zu begreifen und machte sich unbeirrt wieder an die Arbeit:

Sie können mich nicht abschreiben, wie Mary Lily, sie können mich nicht zum Schweigen bringen oder mit Belohnungen gefügig machen.

Es ist der Verlust der Macht, der Menschen wie meinen Eltern am meisten Angst macht. Es bedeutet, dass die Wirklichkeit sich zusammenrottet und die Barrieren, die sie errichtet haben, zu stürmen droht.

Was ist schon Liebe verglichen mit dieser erschreckenden Flut?

Natürlich muss es nicht zu einem Problem werden, über lebende Menschen zu schreiben. Manchmal kann es auch sehr positive Folgen haben, wie im Fall von Teresa Jordan und ihrem Vater. Jill Ker Conway, die der Meinung ist, dass es eine Verletzung der Privatsphäre wäre, wenn man den Leuten, die im Buch erwähnt werden, die entsprechenden Stellen nicht vorher zeigt, schickte ihrem Bruder Ausschnitte aus ihrem Manuskript. Sie sagte ihm, sie würde das Buch nicht veröffentlichen, wenn es für ihn nicht akzeptabel wäre, doch er reagierte positiv und ermutigte sie sogar, weiterzumachen. Ian Frazier fragte ebenfalls beinahe jeden um Erlaubnis, der in seinem Buch vorkam, und fand, dass die meisten Leute es sehr befriedigend finden, wenn man über sie schreibt.

Meine Erinnerungen drehen sich meistens um meine Familie, und manche Leute behaupten, ich habe es leicht, weil meine Eltern tot sind. Sie haben insofern Recht, dass ich mir keine Sorgen wegen *ihrer* Reaktionen machen muss, aber ich habe noch andere lebende Verwandte, und die meisten ziehen es vor, nicht über Gefühle zu reden. Es ist klar, dass ich in ihren Augen auch *meine* Gefühle besser nicht öffentlich machen sollte, aber ich tue es trotzdem. Ihre Zurückhaltung macht mein Leben nach einer Veröffentlichung sicher friedlicher, als es in anderen Familien der Fall ist, aber auch mit stummer Missbilligung muss man fertig werden. Ich muss ein bestimmtes Maß an Trotz aufbauen, besonders, wenn ich Teile meiner Erinnerungen öffentlich vorlese. Ich muss mir immer wieder versichern, dass ich nichts Beleidigendes oder Unsolidarisches tue. Auch kämpfe ich mit der Einstellung meiner Familie, emotionale Nähe sei etwas Ungehöriges; ich muss mir bestätigen, dass es gut und wichtig ist, einander zu kennen und zu verstehen.

Vor kurzem habe ich an Erinnerungen über mein feministisches Engagement in London Anfang der Siebziger gearbeitet – was eine Truppe leidenschaftlicher, eigenwilliger Frauen einschließt, von denen sich keine Einzige in Zurückhaltung üben wird, wenn ich mit meiner Version an die Öffentlichkeit gehe. Ich zeige Freunden Auszüge des Werkes und frage sie nach ihrer Meinung. Manchmal lasse ich mich beeinflussen, aber im Großen und Ganzen bin ich der Meinung, dass dies eben *meine* Version einer Zeit ist, über die man sehr viele und sehr unterschiedliche Geschichten erzählen könnte – ich weiß, dass ich meine eigene erzählen muss.

Wie immer man sich entscheidet – wichtig ist, dass man über all die Fragen, die in diesem Kapitel behandelt worden sind, gründlich nachdenkt. Wir haben ein Recht darauf, unsere Geschichten zu erzählen, nicht aber, auf Veröffentlichung zu bestehen, ohne über die möglichen oder sogar offensichtlichen Folgen nachzudenken. »Keine Rechte ohne Pflichten« ist zwar kein populärer Ratschlag, aber man sollte sich daran halten, wenn man mit seiner Arbeit etwas Gutes bewirken will.

1. Schreiben Sie über eine Person, die Sie hassen, von der Sie wissen, dass sie das Portrait niemals lesen wird.

2. Schreiben Sie darüber, wie es wäre, wenn diese Person Ihr Portrait *doch* lesen würde.

3. Schreiben Sie über etwas (ein Ereignis/eine Situation) in Ihrem Leben, für das Sie sich schämen.

4. Schreiben Sie darüber, wie es wäre, wenn Bekannte diese Peinlichkeit lesen würden. Dann schreiben Sie darüber, wie es wäre, wenn ein Fremder sie lesen würde. Aber vergessen Sie nicht, dass Sie diesen Text in Wirklichkeit natürlich niemanden zeigen müssen.

5. Zählen Sie auf, über wen oder was Sie nicht schreiben würden, wenn Sie wüssten, dass der Text veröffentlicht werden würde. Anschließend erklären Sie auf mindestens einer Seite, warum nicht.

6. Schreiben Sie über eine Person oder ein Ereignis dieser Liste, so, als wenn Sie den Text niemanden zeigen müssten. Überlegen Sie anschließend, ob Sie Ihrer Begründung, warum Sie den Text nicht veröffentlichen wollen, nun noch etwas hinzuzufügen haben. Überlegen Sie auch, ob es Möglichkeiten gibt, die Geschichte oder die Personen so zu verändern, dass man sie nicht mehr erkennen kann.

Interne und externe Welten

▶ Wer Erinnerungen schreibt, muss aufpassen, dass er sich nicht zu sehr vor der Welt verschließt. Erinnerungen müssen sehr persönliche Geschichten sein, und sie führen Sie zwangsläufig in Ihr Inneres. Aber die Arbeit an der eigenen Geschichte kann Sie manchmal so intensiv und ausschließlich mit der eigenen Psyche verbinden, dass Sie irgendwann auf der einsamen Insel Ihres Lebens stranden und jegliche Verbindung zum Festland gekappt haben.

Obwohl die Arbeit mit Ihrem Ich Voraussetzung für Ihre Geschichte ist, müssen Sie an einem bestimmten Punkt einen Schritt zurücktreten und mit Abstand lesen, was Sie geschrieben haben. Fragen Sie sich, ob Ihre Geschichte auch jenseits Ihres Innenlebens – in der Außenwelt nämlich – verankert ist, denn das ist aus verschiedenen Gründen sehr wichtig. Vor allem erlaubt es Ihrem Leser, sich in Ihrer Geschichte zu orientieren. Kulturelle Zusammenhänge und Bezugnahmen wie aktuelle Popsongs oder Kinotitel, historische Ereignisse, besondere Sportwettkämpfe, Moden, Trendnahrungsmittel erklären das Setting, Zeit und Schauplatz der Handlung.

Diese Einzelheiten sollen Sie nicht aus Ihrer Geschichte herausreißen; weben Sie sie in das Geschehen ein, indem Sie als Autor und Erzähler aus dem Fenster Ihrer privaten Erinnerung schauen und das Leben draußen wahrnehmen und widerspiegeln. Umgekehrt besteht natürlich auch die Gefahr, sich zu sehr auf äußere Geschehnisse zu konzentrieren, vielleicht ist es auch eine wunderbare Ausrede, sich nicht mit Ihrem Innersten auseinander zu setzen. Auf diese Vermeidungsstrategie greift man gewöhnlich dann zurück, wenn man dort schmerzhafte Wahrheiten vermutet.

Versuchen Sie das richtige Gleichgewicht zu finden und Ihre Geschichte so mit der Außenwelt zu verbinden, dass der Leser mit Ihnen teilen kann, was für Sie wahr und richtig ist, gleichzeitig aber auch noch den Kontakt mit der Realität, wie er sie kennt, behält. Manchmal reicht dazu eine Bemerkung in einem Nebensatz – im Fernsehen läuft *Dallas* und Abba singen im Radio –, und manchmal braucht es dazu einen längeren Umweg über ein öffentliches Ereignis, das aus irgendeinem Grund eine wichtige Rolle in Ihrer Geschichte spielt oder sogar das Fundament für die Handlung ausmacht.

Häufig erhält eine persönliche Geschichte durch einen solchen Umweg eine ganz neue Bedeutungsebene. Roxanne Dunbar Ortiz erzählt in ihren Erinnerungen *Red Dirt* zum Beispiel von ihrem Leben als Vierzehnjährige, als eine Polio-Epidemie das Land bedrohte und eine Heuschreckenplage die Ernte auffraß. Sie liegt wegen eines Asthmaanfalls auf der Couch und hört im Radio eine Reportage über die Rosenbergs, die wegen Landesverrats hingerichtet werden sollen. Die private und die Welt draußen verschmelzen, als das Kind versucht, mithilfe der einen die andere zu verstehen: Die Heuschrecken sind, wie ihr baptistischer Pfarrer sagt, eine biblische Plage genau wie die Kinderlähmung, an der auch ihre Cousine erkrankt ist; die Elektrizität, die die Rosenbergs töten wird, ist die gleiche, die sie in ihrem Haus nutzen:

Ich versuchte mir vorzustellen, wie Glühbirnen töten könnten. Unser Haus war durch einen einzigen Draht, der durch ein Loch in der Wand kam, an den Strom angeschlossen und an einer Glühbirne und am Radio befestigt. Sonst gab es nichts im Haus, was Strom brauchte. Elektrizität faszinierte und erschreckte mich wie ein Gewitter oder Zauberei. Na ja, dachte ich, vielleicht kann Strom tatsächlich jemanden umbringen. Ich stellte mir die Rosenbergs vor, die wie Glühbirnen aufleuchteten, glommen und langsam durch die Hitze verschmorten. Es musste ziemlich lange dauern, auf diese Art zu sterben. Unsere Glühbirnen gingen erst nach ungefähr zwei Monaten kaputt.

Die Gegenwart an einem öffentlicheren Ort – sei es ein Klassenzimmer, ein Krankenhauses, ein Spielplatz oder der Arbeitsplatz – ermöglicht oft auch Ihrem Leser den Zugang zu Ihrer Geschichte. Versetzen Sie sich in den Leser hinein: Gibt es etwas, das ihm aus seiner eigenen Welt vertraut sein könnte und ihm die Tür zum Unvertrauten öffnet? Wenn sich der Leser allein anhand der Begebenheiten Ihres persönlichen Lebens mit der Geschichte identifizieren soll, dann verlangen Sie ziemlich viel von ihm.

~ Innerer Dialog ~

Unter Dialog verstehen wir normalerweise ein Gespräch zwischen zwei oder mehr Teilnehmern.

Der innere Dialog aber ist ein »Gespräch«, das Sie mit sich selbst führen. Sie erklären, wie Sie etwas sehen oder was Sie empfinden; Sie mutmaßen, was geschehen ist oder spekulieren darüber, wie die Dinge hätte ausgehen können. Der Leser erfährt diesen inneren Dialog, als könnte er Ihre Gedanken lesen, oder als ob Sie sich mit ihm unterhielten.

Manchmal allerdings ist ein innerer Dialog, ähnlich einem Traum, für den Leser schwer verständlich zu machen. Denn etwas, das Ihnen vollkommen logisch und folgerichtig erscheint, weil Sie lange Zeit darüber nachgedacht haben, ist für den Leser keinesfalls so leicht nachvollziehbar. Außerdem sind die Sprache, die Metaphern und Umschreibungen, die jeder individuell verwendet, um sein Innenleben zu beschreiben, sehr verschieden. Was bedeutet, dass Sie, wenn Sie erklären wollen, was Sie fühlen oder wie Sie einen Traum erlebt haben, möglicherweise Bilder verwenden, die Ihrem Leser nichts oder etwas vollkommen anderes sagen.

Ein innerer Dialog kann sehr durch Feedback profitieren. Es kann Ihnen helfen, ausgewählten Lesern Textauszüge zu geben und sie um eine ehrliche Meinung und eine Zusammenfassung dessen, wie sie den Abschnitt verstanden haben, bitten. So erkennen Sie, wie gut Sie Ihre Gedanken verdeutlicht haben und wie gut Ihr innerer Dialog funktioniert, wenn er gelesen oder gehört wird.

Mein Erinnerungen »Poetry and Prejudice« ist in dieser Hinsicht für einige Leser ein Problem, weil sie sie in die abgelegenen Wallowa Mountains in Oregon führt, in eine bäuerliche Kultur, die vielen ganz sicher nicht vertraut ist. Außerdem handelt die Geschichte von Homosexuellenfeindlichkeit aus der Sicht einer Lesbe. Die persönliche Story verlangt vielen Lesern einiges ab, wenn sie sich mit ihr zu identifizieren versuchen, doch zum Glück spielt sie häufig in einer Schule, in einem Klassenzimmer – einem Ort, den die fast alle Menschen kennen. Wenn ich diese Erinnerungen bei Lesungen vorstelle, kommen häufig anschließend Lehrer zu mir und erzählen mir eigene Schulgeschichten; andere wiederum berichten, wie sie als Schüler in ähnlichen Klassenräumen gesessen haben.

Die zehn Jungen hingen über ihren Tischen und Stühlen, die langen Beine in den hautengen Jeans ausgestreckt, die Spitzen ihrer Cowboystiefel trotzig aufgerichtet, als würden sie mir den Mittelfinger zeigen. Die zwei Mädchen steckten die Köpfe zusammen, kicherten und schrieben immer irgendetwas, knüllten aber stets ihre Zettel zusammen und warfen sie mit laut geäußerter Verachtung weg, als wollten sie den Jungen wieder und wieder versichern, dass sie eine angemessen niedrige Meinung von sich selbst hatten. Als ich gesehen hatte, dass sie zahlenmäßig derart unterlegen waren, hatten sie mir zunächst Leid getan, aber inzwischen war ich nur noch verärgert …

Die nächsten zehn Minuten über wurde sich geziert, geschrieben, zerknüllt und gekichert. Auch ich versuchte, wie immer, zu schreiben und zu der Aufgabe, die ich den Schülern gestellt hatte, Bilder oder Sätze hervorzubringen, die ich vielleicht später würde nutzen können. Aber es fiel mir schwer, mich in dieser Atmosphäre, die alles andere als entspannt war, zu konzentrieren. Die beiden Mädchen, die vorne saßen, flüsterten miteinander, bis ich aufblickte und sie anstarrte, und sie verzogen die Münder und blickten wieder auf ihre Seiten, ohne jedoch einen Zweifel daran zu lassen, dass sie weiterflüstern würden, sobald ich wieder wegsah.

Für viele Leser ist diese Szene eine Art gemeinsame Erfahrung – der Zugang zur Geschichte. Und erst, wenn sie mir tatsächlich in diesen Klassenraum gefolgt und bereit sind, sich auf meine Sicht der Dinge einzulassen, kann ich fortfahren und ihnen meine Reaktion auf einen homophoben Vorfall erzählen:

Mein erster Gedanke war, dass ich in meinem Häuschen nicht mehr sicher sein würde, wenn ich ihnen erzählte, dass ich lesbisch sei. Es gab dort kein Telefon, und so früh im Jahr wohnten dort oben am See außer mir nur eine Handvoll Leute. Ich sah einen Pick-up mit randalierenden Jugendlichen vor mir, Gewehre in der Hand, die den dunklen Weg hinaufkamen. Ich stellte mir vor, wie das Licht der Scheinwerfer durch mein Wohnzimmer schnitt, wenn der Wagen auf dem Gras vor dem Haus zum Stehen kommen würde. Ich wusste, wie ihre großen, geschickten Hände die Messer und Waffen halten würden, über die sie die ganze Woche geschrieben hatten. Plötzlich kam mir in den Sinn, dass es noch andere Auswirkungen haben könnte: Es würde sehr leicht sein, den Vertrag für diese Art von befristetem Arbeitsverhältnis, über das ich einen beträchtlichen Teil meines Einkommens bezog, einfach auslaufen zu lassen. Man würde mir nicht kündigen müssen – ich würde einfach keine andere Einladung mehr von einer Schule hier oben bekommen, wenn die Nachricht die Runde machte.

Es war beileibe nicht das erste Mal, dass ich mit Homosexuellenfeindlichkeit konfrontiert wurde, aber dieses Mal reagierte ich auf eine Art, die mir neu war. Während um mich herum das Gelächter dröhnte, war es, als ob die Empörung, die ich mein ganzes bisheriges Leben höflich unterdrückt hatte, plötzlich hervorbrach … und durch meine Adern pulsierte jene Frustration, die in einem den Wunsch weckt, wie ein Baby zu brüllen und mit den Fäusten um sich zu schlagen. Ich fühlte mich, als würde ich gleich explodieren.

Dieser interne Dialog setzt sich noch über eine weitere Seite fort, doch dann beschreibe ich wieder, was währenddessen im Klassenzimmer geschieht. Nur so kann ich den Leser auf eine ihm vertraute Ebene zurückführen; nur so kann er sich auf diese sehr persönliche und vielleicht sehr fremde Erfahrung einlassen.

Carolyn See schreibt über den Einfluss von Drogen und Alkohol auf ihre Familie und ihr ganzes Leben. Obwohl die Autorin sich sehr stark auf ihre persönlich und intensive Erfahrung konzentriert, finden wir auch hier Ausflüge in die Außenwelt, in die Schule zum Beispiel. Später – der Schwerpunkt liegt weiter auf den persönlichen Beziehungen – erzählt die Autorin von ihrem Leben als Erwachsene und ihrer Ehe, beides geprägt von der Hippiebewegung und deren Werten in den Sechzigerjahren. Vielen Lesern in einem bestimmten Alter wird diese Szene bekannt vorkommen:

Unser Wohnzimmer war lang und schmal – etwa acht mal drei Meter vielleicht – und schnitt das Haus in der Länge einmal durch. Wir aßen an einem Ende unter einem hellrosa Bücherregal, in dem ein Brett fehlte, um Platz für unseren Lebensbaum zu schaffen. Wir müssen entweder Fischsuppe oder Huhn-und-Würstchen-Eintopf gegessen haben. Wir hörten Ravi Shankar. Äste kratzten an den Fenstern und Waschbären schauten hinein. Das Haus war mit Kerzen erhellt und leuchtete. Wir waren vollkommen stoned. Als es Zeit für den Nachtisch wurde, servierte ich ein Brett mit Käse und Früchten. Terri begann zu weinen. »Es ist einfach so schön«, sagte sie. Und das war es.

Paulo Coelho beschreibt in *Auf dem Jakobsweg* unter anderem, wie er mit spirituellen Begegnungen und mystischen Erlebnisse konfrontiert wird. Der Erzähler berichtet mit einem Selbstverständnis, das es Lesern, die wenig Neigung zur Mystik haben, nicht leicht macht, sich auf seine Erlebnisse einzulassen und seinem Weg zu folgen. Abschnitte, die ihn daran erinnern, dass er sich in der Moderne befindet, sind daher immer wieder hilfreich:

Ich setzte mich widerwillig. Der Anblick des kleinen Dorfes und seiner rauchenden Schornsteine hatte mich verwirrt. Plötzlich wurde mir bewusst, dass wir uns, ohne einer Menschenseele zu begegnen, seit einer Woche in der freien Natur aufgehalten, unter freiem Himmel geschlafen hatten und immer den ganzen Tag über gewandert waren. Mir waren die

Zigaretten ausgegangen, und ich musste die grässlichen Selbstgedrehten von Petrus rauchen. Ohne Federbett schlafen und ungewürzten Fisch essen, so etwas hatte ich wunderbar gefunden, als ich zwanzig war, doch auf dem Jakobsweg verlangte es mir eine gewaltige Portion Überwindung ab. Ich wartete geduldig darauf, dass Petrus seine Zigarette gerollt und schweigend aufgeraucht hatte, während ich von der Wärme eines Glases Wein in einer Bar träumte, die ich in weniger als fünf Minuten Fußmarsch vor uns liegen sah.

Diese Erfahrung können wohl viele Menschen teilen.

Außer dem Nutzen, dem Leser durch gemeinsame Erfahrungen und Kenntnisse beim Einstieg in Ihre Geschichte zu helfen, ist die Präsenz der Außenwelt auch notwendig, um Ihren Erinnerungen Authentizität zu verleihen. Je mehr Ebenen Sie hinzufügen, desto »wahrer« wird sie in gewisser Weise. Schließlich haben Sie die beschriebene Erfahrung nicht in einem Vakuum erlebt: Sie konnten sie nur innerhalb eines gesellschaftlichen, politischen, geografischen und kulturellen Zusammenhang machen. Auch wenn Sie sich als Kind allein gelassen gefühlt haben, können Sie Ihre Kindheit im Rückblick in einem Rahmen aus Nachbarschaft, Schule, Freunden und Bekanntschaften, Radio und Fernsehen und allen Dingen, die auf ein Zuhause einwirken, beschreiben. Jeder Leser weiß, dass ein Kind solche Dinge ausblenden kann, aber von einem Schriftsteller wird mehr erwartet.

Um Ihre Geschichte in der Welt, die sie umgab, zu verwurzeln, müssen Sie Ihr Leben auch über Ihre rein persönliche Geschichte hinaus untersuchen. Das heißt, Sie sollten nicht nur die Bedeutung und die Tragweite Ihrer eigenen Erfahrungen begreifen, sondern auch herausfinden, wie sie von der Zeit, den besonderen gesellschaftlichen Umständen und den Werten in Ihrem Umfeld beeinflusst wurden. Als verlässlicher erwachsener Erzähler, sollten Sie außerdem eine Meinung zu all dem haben, egal, ob sie diese in ihrem Werk ansprechen oder nicht.

Sehen Sie sich an, welche Bandbreite von Möglichkeiten zwischen rein persönlich und allgemeinen Informationen liegt. Im Diagramm ist der weiße Kreis der Einzige, der ausschließlich dem Autor gehört. Die Kreise, die sich nach außen hin immer weiter verdunkeln, signalisieren Bereiche, die von *sehr intim* und *privat* bis hin zu *größtenteils öffentlich* reichen. In jedem dieser Kreise teilt der Autor bestimmte Erfahrungen mit einigen Lesern – in der Regel mehr, je weiter er sich vom Zentrum fort bewegt.

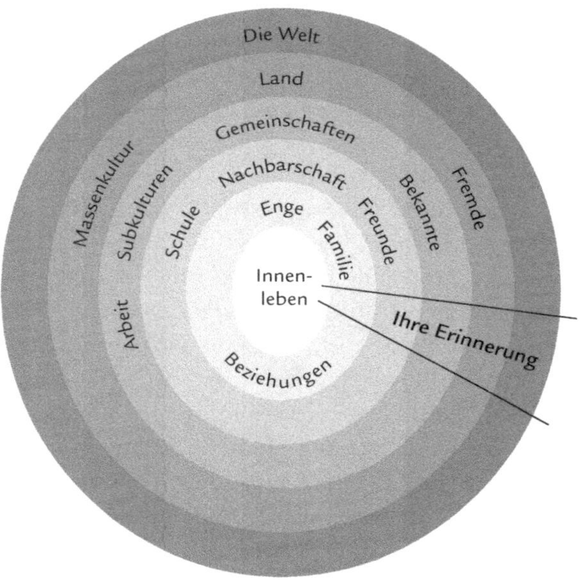

Die Erinnerung kann jeden der Kreise betreffen und bewegt sich idealerweise zwischen den einzelnen Bereichen hin und her oder zeigt, wie sie zusammenhängen. Selbst wenn das zentrale Thema Ihres Werkes weniger persönlich, also in einem der äußeren Kreise angesiedelt ist, bringt vor allem die persönliche Stimme den Leser vom Privatleben in die öffentliche Welt und wieder zurück. Ihre persönliche Stimme ist es, der der Leser vertraut. Sie ist der zuverlässige Begleiter, der ihn aus den intimsten Winkeln der Kindheit des Autors in die Weite unserer gemeinsamen Kultur führt.

Übungsvorschläge

1. Denken Sie an ein Ereignis von historischer oder kultureller Bedeutung (das Attentat auf Präsident Kennedy, die erste Mondlandung, der Fall der Berliner Mauer, John Lennons Tod, der Golfkrieg etc.). Schreiben Sie darüber, wie Sie persönlich dieses Ereignis erlebt haben und welchen Einfluss es auf Ihr Leben hatte.

2. Schreiben Sie vier Seiten über das Leben in Ihrer Familie in einem ganz bestimmten Jahr, indem Sie kulturelle Elemente, die bei Ihnen zu Hause eine Rolle spielten (Musik, TV-Serien, Trendnahrungsmittel, Bücher, Zeitschriften, Computerspiele etc.) mit einbeziehen.

3. Schreiben Sie nicht mehr als vier Seiten über einen wichtigen Schritt in Ihrem Selbstverständnis – eine Erkenntnis, die Ihre Psyche betrifft, das Ende einer Verwirrung etc. Sie werden sich größtenteils auf Ihr Innenleben konzentrieren. Nun fügen Sie Abschnitte von insgesamt zwei weiteren Seiten ein, in denen Sie das Innenleben mit der externen Welt verbinden.

4. Schreiben Sie vier Seiten über Ihr spirituelles Leben: über Religionserziehung oder fehlende Religionserziehung oder eine unabhängige spirituelle Erfahrung. Kombinieren Sie den internen Dialog – Ihre Gedanken und Gefühle – mit externen Ereignissen und Schauplätzen.

5. Schreiben Sie über ein Buch (oder einen Film oder ein Theaterstück), das eine große Bedeutung für Ihr Leben gehabt hat, für einen Leser, der es nicht kennt. Kombinieren Sie die Informationen über das Buch, mit einer Untersuchung der Wirkung, die es auf Sie persönlich hatte.

6. Beschreiben Sie auf drei Seiten einen Job, den Sie gemacht haben. Gehen Sie dabei auf Mitarbeiter, die Arbeit selbst und ihre Beziehung zur Welt im Allgemeinen mit ein und erzählen Sie, wie Sie die Arbeit empfanden und wie sie Sie beeinflusst hat.

Achtung: Mythen!

▶ Schreiben wird wie jede kreative und künstlerische Leistung von vielen verklärt und von einigen verteufelt. Manchmal gelten Schriftsteller entweder als wunderliche, geheimnisvolle Wesen, deren Leben etwas Magisches an sich hat, oder als ständig betrunkene, neurotische Schnorrer, die dem Staat auf der Tasche liegen, statt etwas Sinnvolles zu tun. Gelegentlich tragen Schriftsteller selbst zum Erhalt dieser Vorstellungen bei. Solche Mythen und Vorurteile gelten für alle, die sich mit kreativem Schreiben beschäftigen (Sachbuchautoren werden im Allgemeinen als tüchtiger angesehen). Einige beziehen sich besonders auf Autoren von Lebenserinnerungen.

Man muss zwar weder berühmt noch berüchtigt sein, um Erinnerungen aufzuschreiben, aber der Mythos, dass man mindestens irgendwann einmal in den Schlagzeilen gestanden haben muss oder zumindest mit einer solchen Person in Verbindung gebracht werden muss, hält sich hartnäckig. Und obwohl Erinnerungen zurzeit sehr beliebt sind, haben viele Leser noch nicht verstanden, dass dieser Begriff nichts Anderes ist, als schöne Prosa, die über wahre Erfahrungen berichtet.

Trifft der Mythos der Berühmtheit aber nicht zu, muss es einen anderen Grund geben, Erinnerungen aufzuschreiben. So entstand das Vorurteil, dass Menschen, die über eigene Erfahrungen schreiben, selbstbezogen, selbstverliebt, egozentrisch und sogar narzisstisch veranlagt sein müssten.

All diese Vorurteile können unsere Fähigkeit, mit unserem Inneren in Kontakt zu treten, stören. Das ist deshalb gefährlich, weil gerade der enge Kontakt mit dem Selbst eine Zutat ist, ohne die keine Erinnerung geschrieben werden kann. Gute und fesselnde Lebenserinnerungen verlangen, dass wir uns selbst bewusster werden – und nicht weiter von uns abrücken. Weil das nicht immer gelingen will und weil wir den Weg zur Erkenntnis als lang und schmerzvoll empfinden, versuchen wir manchmal, mithilfe gewisser Mittel den Weg abzukürzen oder zu erleichtern. Alkohol und Drogen sind solche mystifizierten und trügerischen Hilfsmittel, die einen Schriftsteller nur in Sackgassen führen.

Kennt nicht jeder die »romantischen« Bilder und Berichte vom verzweifelten, selbstmordgefährdeten Autor, der mit seiner Schreibmaschine und einer Batterie Schnapsflaschen allein in seiner Kammer hockt? Oder man denke an berühmte Schriftsteller wie Charles Bukowski oder William S. Burroughs.

Dass Trinken und Schreiben zusammengehören, ist in der Vergangenheit auch häufig von Lehrern propagiert worden, die sich selbst in dieser Tradition entwickelt haben. Ich werde nie vergessen, wie ich vor vielen Jahren in den Kurs einer nicht unbekannten Dichterin kam. Sie saß, an ihren Freund geschmiegt, an einem Tisch, auf dem sich einige Liter Wein und ein Stapel Pappbecher standen. Tapfer hielt ich etwa die Hälfte der Kursdauer durch und hörte mir an, wie die Schüler nacheinander Gedichte vorlasen, die immer mehr nach denen der Lehrerin klangen – zumal die Vorleser immer stärker lallten. Als ich schließlich an der Reihe war und mein Gedicht vorlas, das sich überhaupt nicht wie das der bekannten Dichterin anhörte, stand ihr Freund auf und verließ lärmend den Raum. Fünf Minuten später tat ich es ihm nach. Bei solchen Vorbildern ist es wohl kein Wunder, dass sich viele angehende Autoren mit ihrem Computer, jede Menge Einsamkeit, gepeinigten Gedanken und einem Vorrat an billigem Roten einschließen und so sehr rasch auf die Verzweiflung stoßen, die sie für einen wichtigen Bestandteil einer erfolgreichen Schriftstellerkarriere halten. In *Bird by Bird – Wort für Wort*, einem Buch über kreatives Schreiben, erzählt Anne Lamott in dieser Tradition, wie schrecklich es sein kann, ein Manuskript einzuschicken:

Wenn Sie Glück haben, kriegen Sie eine Woche später eine Nachricht von dem Assistenten Ihres Agenten, dass das Manuskript angekommen ist, und vielleicht ruft einer Ihrer Freunde an und sagt, er habe ein Stück davon gelesen und fände es klasse, Sie bräuchten sich also überhaupt keine

Sorgen zu machen. Aber Sie durchleiden dennoch einen kleinen Zusammenbruch, während Sie darauf warten, dass Ihr Agent oder Ihr Verleger anruft und Ihnen bestätigt, wie brillant Sie sind. Jedes Mal, wenn das Telefon klingelt, flehen Sie: »Bitte, lass es ihn *sein, oh, lieber Gott, lass es* ihn *sein!« Aber er ist es nie, und irgendwann halten Sie es nicht mehr aus, bekommen einen ungeheuren Fressanfall und zürnen Ihren Freunden, die doch alle Schwindler und Heuchler sind.*

Obwohl solche Texte selbstverständlich gut tun, weil Sie uns zeigen, dass wir nicht allein mit unseren Ängsten sind, verbinden sie die Furcht der Schriftsteller auch mit einem gewissen Glamour. Aber die Unsicherheiten und die Qualen, die man durchleidet, während man nach Anerkennung strebt, sind alles andere als glamourös – sie lenken nur die Aufmerksamkeit von uns selbst und der Arbeit ab, für die wir diese Anerkennung anstreben.

Wie die Furcht vor Ablehnung existieren unter Schriftstellern natürlich auch Konkurrenzdenken und Neid, aber obwohl ich das weiß, war ich trotzdem einigermaßen bestürzt, als ich den Essay »Neid, die Schriftstellerkrankheit« von Bonnie Friedman las. Hier beschreibt die Autorin, wie neidisch sie und andere Schriftsteller auf Kollegen werden können, die bessere Arbeit geleistet haben oder erfolgreicher sind als sie. Ich fürchte, solche Essays können angehende Autoren nur entmutigen, obwohl die Autorin auch einen guten Rat zur Vermeidung solcher Abgründe gibt: »Nur eine Sache kann mich vor dem Neid retten – meine Arbeit. Mein Schreibtisch ist ein Ort der Ruhe. Die Zeit, die ich dort verbringe, sind wie klare, blitzende Fensterscheiben.«

Ich habe die Erfahrung gemacht, dass man sich nur allzu leicht von Ungerechtigkeiten oder Dummheiten, die die Welt der Verleger, Vorschüsse, Literaturpreise etc. umgibt, ablenken lässt – man kann sich so schön aufregen. Aber wenn ich das zulasse, verliere ich sehr bald meine Fähigkeit zu schreiben (und vielleicht sogar zu denken). Ja, Absagebriefe, Versäumnisse von Agenten, Druckfehler in veröffentlichten Werken können mich in den Wahnsinn treiben – aber nur, wenn ich es zulasse. Denn ich weiß, dass die

Frustration und Enttäuschung nicht unabwendbar sind. Ich weiß, dass es möglich ist, sich über den Erfolg befreundeter und anderer Schriftsteller zu freuen, und ich glaube, dass der gelegentliche Stich des Neides, der nur allzu menschlich ist, wenn man vom Erfolg anderer hört und selbst gerade nicht besonders erfolgreich ist, überbewertet wird. Feiern wir nicht lieber mit Freunden, als uns zurückzuziehen? Indem Sie all die Mythen und Vorurteile zurückweisen und sich bei Neidgefühlen auf sich selbst besinnen, verwandeln Sie sie in positive Energie, die Sie für Ihre Arbeit nutzen können (und haben außerdem Ihren Freunden gegenüber keine Schuldgefühle).

Absageschreiben sind Thema unzähliger Geschichten. Ich mag die Anekdoten am liebsten, die sich über die Verlagsseite lustig machen – über Verleger, die lächerliche Kommentare verfassen oder einem großspurig und weitschweifig erklären, was man falsch gemacht hat, über Verleger, die entsetzlich ungebildet sind oder auch nur unfassbar unhöflich. Die Anekdoten, die Autoren durch den Kakao ziehen – ihre extreme Labilität, neurotischen Selbstzweifel oder den drohende Nervenzusammenbrüche ausgelöst durch ein schlichtes »Nein, danke« – mag ich dagegen nicht.

Viele Schriftsteller haben Tipps und Methoden im Umgang mit eingereichten Manuskripten veröffentlicht, und meist empfehlen Sie eine professionelle Haltung und Ablehnungen nicht persönlich zu nehmen. Ich helfe mir bei Arbeiten, die nicht über meinen Agenten gehen, mit einem »Einreichungsplan«, sobald etwas zur Veröffentlichung bereit ist. Ein Plan beinhaltet beispielsweise fünf oder sechs Zeitschriften oder andere Veröffentlichungsmöglichkeiten und sieht vor, dass ich die Arbeit bei einer Ablehnung sofort an die nächste Adresse schicke. Dadurch wird die Ablehnung einfach zur nächsten Aufgabe.

Natürlich enthält jeder Mythos ein Körnchen Wahrheit: Jeder Mensch fühlt sich durch Ablehnung gekränkt. Bei vielen Schriftstellern führen ihre Empfindlichkeiten zu Alkohol, Drogen, Zigaretten, familiäre Melodramen, kiloweise Schokolade, Fernsehkonsum, zerstörerische Beziehungen. Wir leben schließlich in einer Welt die uns immer mehr Möglichkeiten zur Realitätsflucht bietet, und die autobiografische Arbeit kann an Orte führen, die Unbehagen bereiten und nicht zum Verweilen einladen. Wir wollen zwar dorthin, aber wir wollen nicht dabei leiden. Und das ist der Moment, in dem der Mythos sich meldet und uns einflüstert, dass die Flasche oder die Schokoriegel alles viel leichter machen werden.

Was wir allerdings wirklich bräuchten, sind zeitgemäße, realistische Vorstellungen von dem Beruf des Schriftstellers: Bilder, die gesunde Ernährung, sportliche Aktivitäten, genügend Schlaf und eine ausgeglichene Seele beinhalten – alles Dinge, die viel eher zu großartigen Werken führen als ein Leben als körperliches und geistiges Wrack. Ich möchte Sie ermutigen, diese Richtung einzuschlagen und auf die alten Klischees zu pfeifen. Familienstreitigkeiten oder destruktive Liebschaften sind keine Standardbeschäftigungen für Schriftsteller. Schließlich ist Schreiben als Beruf schon hart genug, auch ohne die Probleme, die Alkohol, Drogen oder Angst vor dem Versagen mit sich bringen. Nichts davon ist notwendig, um gute Literatur und interessante Erinnerungen zu schreiben. Stattdessen sollten wir lieber unsere Ausdauer trainieren, hart arbeiten, mit allen Sinnen wach und wachsam sein und – am Leben bleiben.

Übungsvorschläge

1. Schreiben Sie vier Seiten über eigene Erfahrungen mit Mythen und Vorurteilen über Schreiben und Schriftsteller oder über Menschen, die solche Mythen verkörpern (ein Familienmitglied, Lehrer, Freunde, Autoren bei der Lesung, Schriftsteller, über die Sie gelesen haben.)

2. Skizzieren Sie den idealen Arbeitstag eines Schriftstellers, ohne Klischees oder Vorurteile. Denken Sie sich eine moderne, gesunde Lebens- und Arbeitsweise für den Schriftsteller von heute. Schreiben Sie in der ersten Person oder entwickeln Sie eine Figur.

3. Erfinden Sie ein Gespräch, in dem Sie und ein anderer Autor (echt oder fiktiv) darüber reden, wie Sie mit Veröffentlichung, Ablehnung, Konkurrenz und anderen, verwandten Themen umgehen. Diskutieren und streiten Sie ruhig oder ändern Sie Ihre Meinung oder die der anderen Person.

Feedback erhalten und Kritik nutzen

▶ In den vergangenen Jahrhunderten trafen sich Schriftsteller in Cafés, und Künstler aller Art versammelten sich in den berühmten »Salons« ihrer Zeit. Die Paris-»Exilanten«, die Bloomsbury-Gruppe, die Gruppe 47 und Mitglieder zahlreicher anderer Literaturzirkel leisteten einander Gesellschaft, boten Unterstützung, führten anregende Gespräche und übten ernste, konstruktive Kritik. Meist waren auch so genannte Privilegierte unter ihnen, aber nur wenige Frauen.

Heute stehen Schreibkurse, Workshops und Schreibgruppen allen Menschen offen. Weil sie kostenlos sind, bieten örtliche Schreibgruppen den größten Nutzen für Schriftsteller, sowohl denen, die bereits veröffentlicht haben, wie den unerfahrenen und solchen Talenten, denen es an den nötigen Mitteln mangelt sowie Schriftstellern, die nicht im Mainstream liegen und denen das Selbstvertrauen fehlt, sich bei einem der bekannten Workshops anzumelden.

Schreibgruppen haben außerdem den Vorteil, dass sie beliebig viele Teilnehmer (von zwei bis zwölf) haben können und dass jeder eine ins Leben rufen kann. Wenn Sie in Ihrer Gegend keine gefunden haben, hängen Sie einen Zettel an Orten auf, an denen sich Autoren öfter aufhalten könnten, oder entwerfen Sie einen Flyer, den Sie auf einer Lesung in Ihrem Ort verteilen. Bald werden Sie gleich gesinnte Menschen finden. Wenn Sie auf dem Land wohnen und keine Chance haben, Schriftsteller zu treffen, schauen Sie sich im Internet um und versuchen Sie mit anderen Autoren in Kontakt zu kommen. Oder Sie fahren zum nächsten größeren Ort, um einen Kurs für kreatives Schreiben zu belegen, damit Sie Gleichgesinnte kennen lernen, mit denen Sie anschließend Kontakt halten können.

Feedback ist für Ihre Arbeit von unschätzbarem Wert. Gerade bei Erinnerungen kann es sehr schwer sein, den nötigen Abstand zu finden, um die Erstfassung sachlich zu beurteilen. Da Sie Erfahrungen beschreiben, ist es manchmal für Sie selbst unmöglich zu entscheiden, ob das, was Sie zu Papier gebracht haben, auch für den Leser verständlich ist. Ihnen erscheint alles vollkommen logisch und klar, weil sie alle Hintergrundinformationen haben, während der Leser, dem sie fehlen, Ihren Text nicht verstehen *kann*.

Auch der Tonfall ist selbst schwer zu beurteilen. Manchmal sind Sie an Ihrer Geschichte noch so sehr emotional beteiligt, dass die überwältigenden Gefühle den Tonfall und die Stimme färben, Sie aber nicht erkennen, dass Sie sich streckenweise von Ihrer Erzählstimme entfernt haben. Wie bei jeder Form von kreativem Schreiben können auch Ihre Erinnerungen nur davon profitieren, wenn ein neutraler Leser Ihr Werk distanziert beurteilt.

Erinnerungen, in denen es um Schicksalsschläge oder entsetzliche Erlebnisse geht, bringen Kritiker manchmal dazu, ihre hohen Ansprüche zu senken, als ob die Härte des beschriebenen Lebens einen Mangel an literarischer Qualität erlaube. Mitgefühl kann für objektive Kritik hinderlich sein. So sehr Sie die Freundlichkeit auch schätzen – Sie brauchen Hilfe bei Ihrer Arbeit, keinen moralischen Beistand. Machen Sie jedem, dem Sie Ihr Manuskript zeigen, klar, dass Sie eine Reaktion auf Ihr Werk, nicht auf Ihr Leben wünschen.

Schreibgruppen können auf Probleme stoßen, wenn vorher nicht über Ablauf, Struktur und Inhalt gesprochen wird. Sonst bewegen sich Diskussionen immer weiter vom Thema fort und die Treffen werden unterhaltend statt arbeitsorientiert. Mitglieder lernen einander so gut kennen, dass sie ihren objektiven Blick für die Arbeit des anderen verlieren und statt eines Textes mit literarischen Qualitäten nur einen weiteren Aspekt der Person sehen. Selbst wenn die Gruppenmitglieder anfangs die Ungezwungenheit einer lockeren Struktur bei den Zusammenkünften favorisieren – das wirkt unverkrampfter und weniger einschüchternd als eine hochoffizielle Kritikgruppe –, zeigt sich in der Regel sehr rasch, wie wenig sie der Arbeit dienlich ist. Ich habe schon mehrfach erlebt, wie Gruppen sich nach ein paar Treffen frustriert auflösten, weil die Mitglieder nicht gewillt waren, sich auf ein Form zu einigen, die den Schwerpunkt auf das Wesentliche legte.

Einige Jahre lang leitete ich einen Workshop für Frauen, der jährlich im Sommer stattfindet. Darin wurden die Teilnehmer ermutigt, sich neben den Kursen, die von bekannten Autoren geführt werden, zu Kritikgruppen zusammen zu tun. Im Laufe der Jahre entwickelte ich, unterstützt von einigen anderen Dozenten einige Leitlinien, die diesen Gruppen helfen sollen, auf dem richtigen Weg zu bleiben. Inzwischen werden diese Leitlinien von ähnlichen Gruppen überall im Land anerkannt und als verbindlich eingesetzt. Sie finden sie am Ende dieses Kapitels.

Wenn Sie an einer Schreibgruppe teilnehmen, die sich nach diesen Leitlinien richtet, oder auch nur beschließen – wie ich es während der Arbeit an diesem Buch getan habe –, sich regelmäßig mit einem Freund oder einer Freundin zu treffen, um über Ihre Arbeit zu sprechen, werden Sie im Anschluss an jedes Treffen mit einer Menge Notizen zu Ihrem Manuskript nach Hause gehen. Sind viele Verbesserungsvorschläge darunter, sollten Sie sich freuen, wenn nicht, stimmt etwas nicht mit Ihrer Schreibgruppe oder Sie selbst weigern sich, die Unterstützung anzunehmen, die Ihnen konstruktive Kritik bieten kann.

Lassen Sie nach dem Treffen nicht zu viel Zeit vergehen; setzen Sie sich mit Ihren Notizen hin und gehen Sie Ihre Notizen durch. Ich finde es immer hilfreich, alles »auszuprobieren«, außer solchen Anmerkungen, die weit vom Kern der Sache entfernt sind. Aber selbst die werfe ich nicht weg, sondern schaue sie später nochmals durch – vielleicht ist mir ja etwas entgangen. Selbst wenn ich Zweifel habe, kostet es mich nichts, in der Datei ein paar Veränderungen vorzunehmen oder handschriftlich im Notizbuch festzuhalten, wie es sich anhört. Manchmal kehre ich lieber zu meiner ursprünglichen Version zurück. Oder der Vorschlag gefällt mir nicht, führt mich aber zu einer anderen Veränderung, an die ich bisher nicht gedacht habe. Manche Leser spüren Fehler und Unstimmigkeiten auf, die man sofort verbessern kann: Flüchtigkeitsfehler (die blauen Wildlederstiefel der Figur, die auf der vorherigen Seite noch braune oder Glattlederschuhe trug), Tipp-, Rechtschreibe- und Grammatikfehler.

Sich Kritik zu Nutze zu machen ist eine der wichtigsten Fähigkeiten, die ein Schriftsteller entwickeln sollte. Wenn Sie mit Lektoren und Verlegern zusammenarbeiten, kann es Ihr Werk nur verbessern, ihren Vorschlägen aufgeschlossen zuzuhören und sie anzunehmen, statt Ihre Arbeit eifersüchtig und starrsinnig gegen jeden Eingriff zu verteidigen. Lektoren haben Erfahrung, die Sie nutzen können. Eine funktionierende Arbeitsbeziehung zu einem Lektor kann spannend, lehrreich und sehr fruchtbar sein.

Allerdings ist weder bei Kritikgruppen noch bei Lektoren gute Kritik garantiert. Es wird auch Mitglieder geben, die zu unerfahren oder zu untalentiert sind, um Ihre Arbeit richtig beurteilen zu können. Solche Kritik sollten Sie kommentarlos verwerfen, ohne Ihre Arbeit zu verteidigen. Sie ist in jedem Fall *Ihre* und was immer andere davon halten – wie Sie entscheiden, ist *Ihre* Sache. Sie müssen nicht argumentieren, warum Sie die Kritik nicht annehmen können, und Sie müssen Ihre ultimative Entscheidung weder erklären noch rechtfertigen.

Feedback zu nutzen und Kritik anzunehmen ist eine Fähigkeit, die Ihre Arbeit auf ein Niveau heben kann, das Sie allein nicht erreicht hätten. Aber Ihrem eigenen Urteil zu vertrauen, ist, auf lange Sicht betrachtet, noch wichtiger. Dies ist *Ihre* Geschichte. Nur *Sie* können Sie schreiben.

Schreibgruppen

Lesen Sie die folgenden Richtlinien bei Ihrem ersten Schreibgruppentreffen langsam und Punkt für Punkt vor und besprechen Sie sie in der Gruppe. Vielleicht müssen Sie und die anderen Teilnehmer Veränderungen vornehmen, um diese Regeln individuell auf *Ihre* Gruppe zuzuschneiden. Das wichtigste ist aber, dass Sie alle sich daran halten, sobald Sie sich auf etwas geeinigt haben.

Richtlinien für Kritikgruppen

Alle Mitglieder der Schreibgruppe sollten tätige Autoren sein. Sie müssen zwar nichts damit verdienen, aber tatsächlich schreiben. Und obwohl es vollkommen in Ordnung ist, wenn einige Mitglieder hin und wieder »Dürreperioden« haben, sollte niemand nur kritisieren, ohne auch eigene Arbeiten zur Kritik zu stellen.

Überlegen Sie, ob die einzelnen Werke von allen Gruppenmitgliedern *vor* dem Treffen gelesen werden sollen (dadurch haben Sie während des Treffens mehr Zeit zur Diskussion),

oder

ob Sie die Werke lieber in der Gruppenzeit lesen wollen (leise jeder für sich oder laut), was bei Gedichten oder Kurzliteratur natürlich weit besser funktioniert als bei Romanen oder Sachliteratur.

Gute Kritik kann nur stattfinden, wenn *beide* Parteien (die, die kritisiert, und die, deren Arbeit besprochen wird) ihre Rollen ernsthaft und aufgeschlossen wahrnehmen. Es reicht nicht, Kritik annehmen zu können; man muss auch wissen, wie man sie übt und äußert.

Denn auch das ist ein Lernprozess. Unser Instinkt mag uns manchmal raten, das Falsche zu sagen, überschwänglich zu loben, zu schweigen, aus purer Opposition dagegen zu reden oder einfach nur das zu sagen, was die betreffende Person hören will. Wir können vielleicht großartig Kritik üben, aber keine vertragen. Wir alle haben Stärken und Schwächen, auch, was Kritik angeht. Instinkte und spontane Reaktionen sollten kontrolliert und skeptisch betrachtet werden; seien Sie dennoch bereit, neue Reaktionen zuzulassen.

Ihr Werk steht zur Kritik. Vermeiden Sie unbedingt ...

... zu sagen, wie schlecht, unfertig, trivial oder schwach Sie Ihre eigene Arbeit finden.

... zu erklären, warum Sie sie geschrieben haben. (Wenn sie gut ist, wird es jeder wissen.)

... zu erklären, wie und wo Sie sie geschrieben haben. (»Als ich mit dem Bus zur Arbeit fuhr, sah ich eine Frau ...«)

... auf Kritik zu reagieren, bevor alle ihre Anmerkungen gemacht haben. Das heißt: Hören Sie sich Kritik zunächst schweigend an.

Aber ...

... sagen Sie genau, welche Art von Resonanz Sie wünschen.

... machen Sie sich Notizen, während die anderen reden, selbst wenn Sie mit der Kritik zunächst nicht einverstanden sind.

Das Werk eines anderen Teilnehmers steht zur Kritik. Vermeiden Sie unbedingt ...

... auf eine Weise zu kritisieren, die dem Autor das Gefühl gibt, er sei dumm oder unfähig. Zeigen Sie Respekt.

... allgemeine, nichts sagende Phrasen (»Das ist gut«, »Das ist schlecht«) zu äußern, sondern machen Sie persönliche Ich-Aussagen. (»Der letzte Absatz hat mich berührt« oder »Ein Abschnitt auf Seite 3 hat mich verwirrt«)

... Anekdoten und eigene Erfahrungen zum Besten zu geben, weil der vorliegende Text Sie daran erinnert. (Es geht nicht um Sie.)

… vorauszusetzen, dass der Ich-Erzähler mit dem Autor identisch ist. Selbst wenn es sich bei dem Text um Erinnerungen handelt, sollten Sie von »dem Sprecher« oder »dem Erzähler« reden, nicht von »Ihnen« oder »dir«. Sorgen Sie dafür, dass der Gruppenleiter die Teilnehmer daran erinnert, falls jemand diese »Regel« bricht.

… größere Änderungen vorzuschlagen, etwas in eigenen Worten wiederzugeben oder dem Autor Ihre eigenen Ansichten aufzunötigen. Ihre Aufgabe ist es, anderen Teilnehmern dabei zu helfen, *ihre* Sicht der Dinge durch ihre Texte zu vermitteln.

… ein Thema oder einen Punkt erneut aufzugreifen, obwohl es bereits geklärt ist. Es reicht, wenn Sie sagen, dass Sie derselben Meinung sind.

Aber …

… versuchen Sie an das Potenzial eines jeden Textes zu glauben.

… formulieren Sie Ihre Reaktion so klar und konkret Sie können – es reicht nicht, nur etwas zu empfinden. Kritik ist nur dann nützlich, wenn Sie das, was Sie empfinden, verständlich erklären können.

… sagen Sie dem Autor, was Ihnen gefallen, Sie berührt, was nachhaltigen Eindruck auf Sie gemacht hat – und sagen Sie das *vor* jeder anderen Kritik.

… sagen Sie dem Autor, was Ihnen am deutlichsten im Gedächtnis geblieben ist.

… sagen Sie dem Autor, an welchen Stellen Ihre Aufmerksamkeit nachgelassen hat oder wo Sie etwas verwirrt hat.

… machen Sie Notizen auf der Kopie des betreffenden Textes und geben Sie sie dem Autor mit, besonders, wenn es um Fehler in Rechtschreibung, Ausdruck oder Grammatik geht; das spart Zeit in der Kritikgruppe.

Empfehlungen zum Ablauf

Jedes Gruppentreffen sollte von einer Person geleitet werden, die moderiert, auf Zeitlimits achtet und die Mitglieder wieder zurückführt, wenn Diskussionen abschweifen. Diese Person sollte wechseln – am besten wird die Aufgabe reihum übernommen. Wenn auch der Gastgeber immer ein anderer ist, sollte der Moderator praktischerweise immer der sein, in dessen Wohnung das Treffen gerade stattfindet. Auf jeden Fall sollte am Ende jedes Treffens der Moderator für das nächste bestimmt werden.

Der Gruppenleiter sollte sich diese Richtlinien (oder die der jeweiligen Gruppe angepassten Richtlinien) vor jeder Sitzung durchlesen und nicht zögern, auf sie hinzuweisen, falls die Gruppe sich von ihrem eigentlich Zweck entfernt.

Zu Beginn des Treffens muss die zur Verfügung stehende Zeit realistisch eingeschätzt werden. Wenn mehr Texte zur Kritik vorliegen, als zeitlich zu schaffen ist, muss ein Teil davon beim nächsten Treffen besprochen werden. Planen Sie für jedes Werk die gleiche Zeit ein und halten Sie sich an das Limit. Wenn Ihnen die Zeit ausgeht, bevor jeder die Chance hatte, zu Wort zu kommen, lassen Sie die restlichen Mitglieder alle Anmerkungen, die noch nicht besprochen worden sind, aufschreiben und dem Autor mitgeben. Hängen Sie keine Extrazeit an. Es mag notwendig erscheinen, aber in fast allen Fällen ist es das nicht.

Lesen Sie das Werk, falls Sie es nicht bereits vor dem Treffen erledigt haben.

Lassen Sie die Teilnehmer reihum sprechen. So kommt in einer neuen Gruppe jeder Teilnehmer etwa gleich häufig zu Wort. Sie können nach einer Weile versuchen, die Reihenfolge beliebig zu gestalten, wenn das aber die Mitglieder zu langatmigen Ausführungen verleitet, sie sich wiederholen oder nur noch einige wenige reden, dann sollten Sie wieder dazu zurückkehren, der Reihe nach Sprechzeit zu verteilen.

Niemand sollte wiederholen, was bereits gesagt wurde; sagen Sie einfach, dass Sie derselben Meinung sind und lassen Sie den Nächsten sprechen.

Beginnen Sie keine Diskussion, wenn Sie nicht an der Reihe sind. Falls ein Punkt zu Diskussionen einlädt, sollte damit erst begonnen werden, *nachdem* jeder gesprochen hat.

Der Autor sollte nicht reagieren, sondern zuhören. Das ist sehr wichtig. Deshalb sollten Sie keine Fragen an ihn direkt richten. Der Autor wird mehr erfahren, wenn die anderen Teilnehmer offene Fragen durch Diskussionen klären, als wenn er diese Fragen selbst beantwortet. Sie können den Autor aber dazu auffordern, sich kurz zu äußern, wenn die Kritikrunde beendet ist.

Geben Sie jedem Treffen am Ende fünf Minuten oder mehr, um die jeweilige Sitzung abschließend zu bewerten. Auch hier sollte jeder nacheinander zu Wort kommen. Legen Sie aber vorher den Leiter für das nächste Treffen fest, damit er sich notieren kann, was gut funktioniert hat und was noch verbessert werden muss.

Literatur

Dorothy Allison, *Zwei oder drei Dinge, die ich sicher weiß,* Goldmann 2002.

Maya Angelou, *Ich weiß, dass der gefangene Vogel singt,* Stroemfeld 1980.

Sybille Bedford, *Zu Besuch bei Don Octavio: Eine mexikanische Reise,* Winkler 1967.

Sallie Bingham, *Passion and Prejudice,* Knopf 1989.

Rut Brand, *Freundesland,* Hoffmann und Campe 1992.

Paulo Coelho, *Auf dem Jacobsweg,* Diogenes 2000.

Frank Conroy, *Alle Zeit der Welt,* Krüger 1996.

Waris Dirie, *Wüstenblume,* Schneekluth 1998.

Gretel Ehrlich *Herz-Schlag – Die Geschichte einer Frau, die vom Blitz getroffen wurde,* Klein 1998.

Lucy Grealy, *Mein Gesicht ist meine Seele,* Droemer Knaur 1995.

Sebastian Haffner, *Geschichte eines Deutschen,* DVA 2000.

Patricia Hampl, *Virgin Time,* Farrar, Straus & Giroux 1992.

Frank McCourt, *Die Asche meiner Mutter,* Luchterhand 2000.

Paul Monette, *Coming out: Die Geschichte eines halben Lebens,* Krüger 1994.

Esmeralda Santiago, *Als ich noch in Puerto Rico war,* Droemer Knaur 1995.

Peter Ustinov, *Ich und Ich,* Econ 1992.

Alice Walker, *The Same River Twice,* Scribner 1996.

Virginia Woolf, *Tagebücher,* S. Fischer 1990.

Autorenhaus-Verlagsprogramm

Schreiben
AP-Handbuch Journalistisches Schreiben *Von Rene J.Cappon*
50 Werkzeuge für gutes Schreiben *Von Roy Peter Clark*
Kurz und Gut schreiben *Von Roy Peter Clark*
Über das Schreiben. *Von Sol Stein*
20 Masterplots *Von Ronald Tobias*

Schreiben & Veröffentlichen
Autoren-Handbuch, 8. Auflage. *Von Sylvia Englert*
Mini-Verlag. Self-Publishing, Verlagsgründung, 8. Auflage.
Von Manfred Plinke

Theater & Stücke schreiben
Die Technik des Dramas *Von Gustav Freytag*
Vorsprechen *Von Paula B. Mader*
Kleines Schauspieler-Handbuch *Von Uta Hagen*
Dramatisches Schreiben *Von Lajos Egri*

Film & Drehbuch schreiben
Die Seele des Drehbuchschreibens – 16 Story Steps.
Von K. Cunningham
Rette die Katze! Das ultimative Buch übers Drehbuchschreiben.
Von Blake Snyder
Die Odyssee der Drehbuchschreiber *Von Christopher Vogler*
Filme machen *Von Sidney Lumet*

Die Technik des Dramas *Von Gustav Freytag*
Dramatisches Schreiben *Von Lajos Egri*
Drehbuch schreiben und veröffentlichen. *Von Claus Hant*
Schritt für Schritt zum erfolgreichen Drehbuch *Von Chris. Keane*
Das Drehbuch *Von Syd Field*
Die häufigsten Probleme beim Drehbuchschreiben und ihre Lösungen.
Von Syd Field
Grundkurs Film *Von Syd Field*
Emotionen im Film. *Von Karl Iglesias*

Cartoonbücher
Struwwelhitler. Der Anti-Nazi-Klassiker von 1941
Von Robert u. Philip Spence

Schriftstellerbücher
Musen auf vier Pfoten: Schriftsteller und ihre Hunde
Musen auf vier Pfoten: Katzen und ihre Schriftsteller

Autorenhaus-Verlagsprogramm

Autobiografie & Erinnerungen schreiben
Autobiografie in 300 Fragen. *Von Gerhild Tieger*
Erinnerungen und Autobiografie schreiben. *Von Judith Barrington*

Lyrik & Songtexte schreiben
Gedichte schreiben *Von Thomas Wieke*
Songtexte schreiben *Von Masen Abou-Dakn*
Handbuch für Songtexter *Von Jeske/Reitz*

Kreatives Schreiben
Schriftsteller werden *Von Dorothea Brande*
Bestseller schreiben *Von Albert Zuckerman, Ken Follett*
Die Kunst des kreativen Schreibens. *Von Julia Cameron*
Zen in der Kunst des Schreibens *Von Ray Bradbury*
Raum zum Schreiben *Von Bonni Goldberg*
Schreiben in Cafés *Von Nathalie Goldberg*
Creative Writing: Texte und Bücher schreiben *Von Jesse Falzoi*
Der Sprung ins weiße Blatt *Von Cornelia Jönsson*
Beim Schreiben allein *Von Joyce Carol Oates*
Creative Writing: Romane und Kurzgeschichten schreiben.
Von A. Steele/R. Carver
Literarisches Schreiben: Starke Charaktere, Originelle Ideen, Überzeugende Handlung. *Von Lajos Egri*
Fantasy schreiben und veröffentlichen. *Von Sylvia Englert*
Handbuch für Kinder- und Jugendbuch-Autoren. *Von Sylvia Englert*
So lektorieren Sie Ihre Texte. *Von Sylvia Englert*

Kreatives Schreiben für Jugendliche
Türen zur Fantasie. *Von Marion Gay*
Türen zur Poesie. *Von Marion Gay*
Coole Texte schreiben und veröffentlichen – Handbuch für junge Schreibtalente *Von Sylvia Englert*

Liebesromane & Erotik schreiben
Liebes- und Heftromane schreiben. *Von Anna Basener*
Erotik schreiben. Wie Sie Sex-Szenen literarisch gestalten.
Von Elizabeth Benedict

Krimi & Thriller schreiben
Krimis schreiben *Von Patrick Baumgärtel*
Crime – Kriminalromane und Thriller schreiben *Von Larry Beinhart*
Literarisches Schreiben *Von Lajos Egri*
Der Mord als eine schöne Kunst betrachtet *Von Thomas de Quincey*
Krimi schreiben und veröffentlichen *Von Patrick Baumgärtel*

Bitte besuchen sie auch www.autorenhaus.de

»Wundervolles Buch«

Julia Cameron
Von der Kunst des kreativen Schreibens
Der Weg zum inspirierten Schriftsteller
328 Seiten, Hardcover mit Lesebändchen
ISBN 978-3-86671-148-8

In diesem Buch stellt Julia Cameron *(Der Weg des Künstlers)* ihre erfolgreichen »Morgenseiten« und andere Kreativitätstechniken vor. Mithilfe zahlreicher Beispiele und Übungen gelingt es den Lesern, ihre Kreativität zu entwickeln und das Schreiben zu einem intensiven Teil ihres Lebens zu machen.

Julia Cameron ist Künstlerin, Bestsellerautorin und Dozentin. Sie schreibt Drehbücher für Film und Fernsehen und produziert Dokumentarfilme; ihre journalistischen Arbeiten wurden mehrfach ausgezeichnet.